ENSAIOS

João Franco

DEDICATÓRIA

Dedicado à minha família e a todos os que me têm apoiado nesta viagem
pelo mundo da escrita.

ÍNDICE

AGRADECIMENTOS

Gostaria de agradecer a todos os que tornaram este livro possível,
nomeadamente o corpo docente da FLUL, que me abriu os horizontes para
o mundo vasto e cativante da Filosfia.

1 Considerações sobre os suplícios e a crueldade-Entre Nietzsche e Foucault.

Introdução

Por detrás da escolha do tema deste ensaio esteve o despertar do interesse na questão do condicionamento dos corpos e a alteração da abordagem da dialéctica entre corpos e mentes nos últimos séculos. Friedrich Nietzsche em *Para a Genealogia da Moral*, nomeadamente no segundo ensaio, faz uma excelente génese da crueldade e dos suplícios, estabelecendo teses originais sobre a origem dos mesmos. Michel Foucault, vai inspirar-se nesse segundo ensaio como ponto de partida para a obra *Vigiar e Punir*, em que aborda a passagem do modelo dos suplícios para o modelo das disciplinas, uma passagem da actuação sobre o corpo, para uma actuação sobre o espírito. Neste trabalho usaremos não só a palavra espírito, mas também outros vocábulos como mente ou mesmo alma para nos referirmos à mesma coisa.

A primeira parte deste ensaio irá focar-se na abordagem nietzscheana à questão dos suplícios e da crueldade, centrando-se numa génese da crueldade que é feita em moldes inovadores por Nietzsche, com foco na mnemónica, no conceito de dívida e nos castigos físicos e cruéis. De onde surge a crueldade e como é que mais tarde ela foi oprimida e escondida no interior do Homem?

Na segunda parte, irão ser abordados os dois primeiros capítulos da obra *Vigiar e Punir*, de forte inspiração nietzscheana e que tocam num ponto histórico de viragem, no qual o poder político, alarmado pelos resultados muitas vezes contraproducentes das execuções públicas, enveredava por novas formas de disciplinar, de vigiar e de punir. O que são os suplícios, como e porquê se passa dos suplícios ao sistema carcerário?

Para encerrar, a terceira e última parte irá ser feita uma breve consideração geral do pensamento de Nietzsche e de Foucault sobre esta matéria, abordados nas duas partes anteriores, no âmbito mais global desta temática da dialéctica entre corpos e mentes, referindo alguns outros autores de relevo.

A Génese da Crueldade em *Para a Genealogia da Moral*

Friedrich Nietzsche escreve *Para a Genealogia da Moral* em resposta a dois dos seus antagonistas: Schopenhauer e Paul Rée. Ambos tinham inspirado Nietzsche numa fase inicial, sobretudo Schopenhauer com o seu monumental *O Mundo como vontade e representação*, que conduzira Nietzsche da filologia à filosofia, mas, entretanto, Nietzsche descartara-se de ambos. A obra de Paul Rée *A Origem das Sensações Morais*, de 1877, com similaridades em títulos e em temas (incluindo livre-arbítrio, responsabilidade e castigo), constituiu, pois, ponto de partida para a réplica de Nietzsche, dividida em três ensaios[1].

---

[1] Ver Christopher Janaway, "Naturalism and Genealogy", in Keith Ansell Pearson, Keith Ansell (Ed.), *A Companion to Nietzsche*, Blackwell Publishing,

Nietzsche inicia o segundo ensaio de *Para a Genealogia da Moral*, tecendo algumas considerações sobre a natureza moral do Homem, sobre o aparecimento da consciência e sobre o que ele considera ser um dos traços principais do ser humano: ser um animal que pode fazer promessas[2]. Esta emergência do conceito de responsabilidade, que vai contra a faculdade de esquecer, está por detrás do surgimento do indivíduo soberano, o homem que pode prometer e no qual se pode confiar[3]. A moralidade, mesmo assim, é para Nietzsche uma espécie de camisa-de-forças social, que vai actuar sobre os instintos e as paixões inatas e mais irracionais, ou seja, um elemento de castração da liberdade humana.

Para Nietzsche, a consciência é um fruto tardio[4], que advém da criação dentro do homem de uma memória através de uma mnemotécnica que é aplicada com um ferro em brasa[5]. É este o terror que acompanha o acto de prometer, com sacrifícios, mutilações e rituais sangrentos. Melhor fora que o Homem, como outros animais, conservasse a faculdade de esquecer.

Friedrich Nietzsche elenca várias torturas historicamente germânicas, como a lapidação, a roda, a empalação, o esquartejamento e o esmagamento por cavalos, a imersão do condenado em azeite ou vinho a ferver, os esfolamentos, a excisão das carnes do peito, a exposição do malfeitor ao sol escaldante e às moscas depois de coberto de mel[6]. Ajudavam a fixar na mente algumas ideias, sobre o que era permitido e o que era proibido. *"Por detrás das coisas boas quanto sangue, quanto horror"*, escreveu ele[7].

Oxford, 2006, p. 353 e seguintes.

[2] Cf. Friedrich Nietzsche, *Para a genealogia da moral*, Relógio d' Água, Lisboa, 2000, p.59.

[3] Ver Friedrich Nietzsche, op. cit, pp. 60 e seguintes.

[4] Idem, p.63.

[5] Idem, p.64.

[6] Idem, pp. 65, 66.

[7] Idem, ibidem.

Mas onde está então a origem da consciência de culpa, da má consciência? Está associada ao conceito de dívidas surgindo o castigo enquanto compensação, alheio à liberdade ou não-liberdade da vontade. Era uma punição pela cólera provocada por um prejuízo e procurava-se que houvesse uma equivalência ao prejuízo sofrido pelo credor. Estas relações de transacção entre o credor e o devedor estão na génese da crueldade e da punição. O devedor, para reforçar a força da sua promessa empenha algo que será cobrado em caso de incumprimento[8]. Toda a sorte de humilhações e de torturas serão aplicadas sobre o corpo do devedor caso este não pague aquilo que deve. Surge aqui uma das inovações do pensamento de Nietzsche, ao colocar a génese da crueldade no nascimento da economia e das transacções comerciais. *"...Em vez de uma vantagem que compensasse directamente o prejuízo (portanto, em vez de uma compensação em dinheiro, em terra ou quaisquer outros bens), o credor recebe como compensação e indemnização uma espécie de satisfação interior, a satisfação de, sem remorso, poder exercer o seu poder sobre um impotente (...) Gozo de violentar, gozo maior quanto mais baixo na escala social estiver o credor, que experimenta assim as delícias dos que mandam, daqueles que detêm o poder.(...) Direito à crueldade, era algo consagrado e que os credores não hesitavam em reclamar[9]*. Esta preferência por uma compensação cruel, parte de um pressuposto que durou longos tempos, o pressuposto de que o devedor tem de pagar sim, mas com o corpo e não com quaisquer bens materiais equivalentes àqueles que o credor deixou de receber e isso dava muito mais prazer ao credor.

De seguida, Nietzsche vai abordar o carácter festivo da crueldade e da tortura, algo que segundo ele está cada vez mais longe do homem moderno, *"...não é para os nossos pessimistas enfastiados com a vida...[10]"* escreve ele numa crítica aos seus

---

[8] Ver Friedrich Nietzsche, op. cit. pp. 67 e 68.
[9] Idem, pp. 69 e 70.

contemporâneos mergulhados no pessimismo schopenhaueriano ou no nihilismo do desespero causado pela morte de Deus, que leva à constatação de que nada faz sentido, e adianta um pouco mais à frente: *"Hoje o sofrimento é um dos principais argumentos contra a existência, mas houve um tempo em que era um atractivo de primeira ordem, um autêntico engodo que seduzia para a vida.*[11]*"* A crueldade era mesmo a grande alegria que tinham as comunidades arcaicas, e esse desejo de violência e de atrocidade manifestava-se de forma natural e despreocupada, sem qualquer remorso ou consciência que se intrometesse. A crueldade era até espiritualizada e deificada, envolvendo um sem número de divindades, algumas criadas mesmo para o efeito, em diversas religiões, para as quais os ritos cruéis, os sacrifícios humanos, eram parte da vida quotidiana e como tal parte integrante da vida social e cultural da comunidade. E mesmo nos dias de festa, era apanágio a crueldade: *"Seja como for, não há muito tempo ainda que era impossível imaginar casamentos reais ou festividades populares de grande estilo que não integrassem execuções públicas, suplícios ou, por exemplo, um auto-de-fé...*[12]*"* Sem crueldade não havia festa, era de particular gozo, ver sofrer e ainda mais fazer sofrer, eis porque nem o mais humilde abdicava desse prazer se tivesse a oportunidade de gozá-lo, preferindo-o à recepção de bens equivalentes ao prejuízo que lhe fora causado.

Nietzsche, grande apreciador da cultura grega, pela qual iniciou a sua obra[13], vai a esses primórdios da civilização europeia, uma civilização ainda incipiente, buscar justificações. Os deuses seriam criados para serem espectadores da crueldade mais violenta e atroz. *"Está justificado todo o mal de cujo espectáculo se alimenta um deus"*[14] Mesmo o grande Homero apresentava os

---

[10] Idem, p.72.

[11] Idem, p.73.

[12] Idem, pp.71, 72.

[13] Referimo-nos aqui a *O Nascimento da Tragédia,* uma das suas primeiras obras.

deuses como amantes dos espectáculos cruéis e violentos. Ao contrário do cristianismo, que Nietzsche não cessa de criticar pela sua moralidade de escravo, e por aquele pecado original, que coloca a culpa sobre cada um desde o momento do nascimento, obrigando a uma expiação vitalícia e quiçá eterna, no mundo grego os homens não tinham o seu destino à mercê de qualquer tipo de determinismo castrador, eles faziam o destino com as suas mãos, criavam povos e reinos do nada. A vida era uma tragédia, o mais requintado tipo de teatro, à moda grega. *"Uma peça de teatro no palco do mundo"*[15] para Nietzsche. Domina a ideia de uma vontade livre... não havia determinismo que esgotasse a novidade do espectáculo para os deuses, estes não sabiam o que ia acontecer, embora por vezes também procurassem participar na peça. Eram atenções para com o espectador, que se tornava também actor por vezes.

A evolução das comunidades arcaicas, fez surgir novos tipos de ligações, aprofundou a economia e a ideia de que tudo tem o seu preço, tudo pode ser pago[16]. No que se refere à comunidade e aos seus membros, também existe uma relação de credor e de devedor. Surge aqui a figura do banido, empurrado para uma existência de isolamento e miséria, como aquele que fractura a comunidade. O banido passa a estar ao mesmo nível que o inimigo, fica no domínio da guerra, que é na época um domínio sem lei, um domínio de crueldade e atrocidade absolutas. *"À medida que a comunidade se torna mais forte têm menos importância os actos de indivíduos isolados e as leis penais tornam-se mais brandas. Os credores tornam-se mais poderosos e podem aguentar maiores prejuízos sem ser afectado.*[17]*"* Esta realidade, leva a um esbatimento da crueldade, bem como dos sentimentos reactivos e

---

¹⁴ Cf. Friedrich Nietzsche, op. cit., p.75.
¹⁵ Idem, ibidem.
¹⁶ Cf. Friedrich Nietzsche, op. cit., p.78.
¹⁷ Idem, p.79.

do levar a peito as ofensas que eram sofridas, sendo que os ofendidos costumavam agir enquanto juízes, júris e executores, conduzidos por sentimentos pessoais de vingança. A sobrevivência da comunidade deixa de ser posta em causa facilmente pelas acções de um indivíduo ou de um pequeno grupo de indivíduos, isso também torna as punições menos duras. O surgimento das leis, leva a uma apreciação cada vez mais impessoal e supõe-se imparcial dos factos, por uma terceira parte sem interesse directo no caso, o juíz. Isto vai contra os sentimentos e instintos de vingança e a reacção impulsiva às ofensas recebidas e leva a que as partes em contenda tenham de submeter-se a uma autoridade externa e aceitar o seu veredicto.

Nietzsche afirma até que a repressão da vontade de viver e dessa crueldade vingativa que dominou durante tempo a vida do Homem se deve à concepção de unidades políticas cada vez maiores que vão exigir leis mais complexas, capacidade para impô-las e crescentemente a ideia de concentração do monopólio da violência no Estado, seja qual for a sua forma, ainda que incipiente ou descentralizada: *"Aliás, é necessário admitir algo ainda mais sério: é que, do ponto de vista do estrato biológico mais elevado, os estados da justiça, só podem ser estados de excepção, enquanto restrições parciais da verdadeira vontade de viver, orientada para o exercício do poder, e têm que se subordinar aos objectivos globais dessa vontade, enquanto meios particulares que são, nomeadamente, destinados a permitir a criação de unidades de poder maiores[18]."* Formas imperiais, como o Império Romano, exigiriam um muito maior controlo sobre o povo, a concentração da justiça e da "vingança" em órgãos e instrumentos próprios.

Quanto à origem e finalidade das penas, estas não tinham por fim o despertar no condenado de um sentimento de culpa, mas sim punir aquele que tinha causado um dano a outrém ou à comunidade. Esse sentimento de má consciência apenas irá surgir

---

[18] Idem, p. 85.

mais tarde, e para Nietzsche, como algo profundamente negativo. Até lá, o remorso era raro entre os criminosos e reclusos. A punição não tornava o condenado mais dócil e mais facilmente controlável, mas pelo contrário mais duro e mais frio, sobretudo porque a Justiça, ao nível do "olho por olho e dente por dente" praticava o mesmo tipo de acções que os criminosos, sem qualquer prurido de consciência e no meio da aprovação ou mesmo aclamação geral. Nietzsche expõe brilhantemente esta situação: *"Durante milénios, os malfeitores submetidos à punição tiveram dos seus crimes a mesma impressão de que fala Espinosa: «inesperadamente qualquer coisa correu mal», e não «eu não devia ter feito isto»... Submetiam-se à punição como quem aceita uma doença, uma calamidade ou a morte, com o mesmo fatalismo corajoso e destituído de revolta com que, por exemplo, ainda hoje os Russos dispõem da vida, no que se superiorizam a nós, Ocidentais. Naqueles tempos, se existia crítica do acto, era uma crítica exercida por parte da inteligência: não haverá dúvidas de que o verdadeiro efeito da punição tem que ser procurado na agudização da inteligência, no prolongamento da memória, na vontade de agir futuramente com mais cautela, maior secretismo e desconfiança, na compreensão de que há muitas coisas para as quais se é definitivamente demasiado fraco, ou seja, numa espécie de correcção da avaliação que o indivíduo faz das suas capacidades.[19]"* Isto vai de encontro à ideia de Nietzsche de que o criminoso é muitas vezes um homem superior, mas colocado numa situação desfavorável e encontra eco nas ideias de Foucault que veremos na segunda parte deste trabalho, pois muitas das vezes o povo encarava o supliciado com admiração, como o tipo de homem inteligente e corajoso que agia contra os poderosos, em muitas ocasiões levando temporariamente a melhor.

Apenas com a estabilidade política e social trazida pela solidificação de Estados consolidados e complexos, com a

---

[19] Idem, p. 95.

construção de verdadeiras sociedades que impõem e mantêm a paz, com códigos legislativos elaborados e mecanismos policiais e jurídicos para garantir o cumprimento das mesmas, surge a má consciência. Surge também algo de tremenda importância, segundo Nietzsche, a alma. Essa domesticação do Homem, agora sedentarizado, socializado, subtraído à verdadeira liberdade, sem inimigos sobre quem exercer a sua necessidade de crueldade e de violência, surge como a causadora de uma profunda doença moral para Nietzsche. Esse prazer da caçada, da destruição e da dominação, retirado ao Homem condu-lo, na concepção nietzscheana, a que volte esses instintos cruéis sobre si mesmo, sobre o seu interior, que aumenta exponencialmente de tamanho e que se vê presa de todos os tormentos e torturais mentais, um sofrimento mais profundo e significativo do que aqueles que actuavam sobre o corpo. A citação que se segue é talvez um dos excertos mais emblemáticos e mais reveladores na obra *Para a genealogia da moral*, pelo que transcrevemos esta longa passagem magistral: *"Todos os instintos que se não libertam para o exterior viram-se para dentro: a este processo chamo a interiorização do homem. Só com ele começa a surgir no homem aquilo a que mais tarde se dará o nome de «alma». Todo o mundo interior, que originariamente era tão delgado como se estivesse apertado entre duas epidermes, desenvolveu-se e ampliou-se, ganhou profundidade, largura e altura, na proporção em que foram sendo restringidas as descargas para fora. Os temíveis baluartes que a organização estatal ergueu para se defender dos antigos instintos de liberdade (e as punições são sobretudo um elemento integrante desses baluartes) fizeram com que todos esses instintos do homem selvagem, livre e nómada, se voltassem contra o próprio homem. A hostilidade, a crueldade, o prazer da perseguição, do ataque, da transformação, da destruição, tudo isto virando-se contra os possuidores desses mesmos instintos: esta é a origem da «má consciência». O homem que, por falta de inimigos e de factores de resistência externos, por se ver constrangido para dentro da estreiteza opressora da regularidade dos costumes, se despedaça a si próprio impiedosamente, se persegue, se rói, se destrói, se maltrata a ele mesmo, este animal que querem «domesticar» e que se dilacera contra as grades da jaula em que o meteram, este ser a quem tudo roubaram, que é consumido pela nostalgia do seu deserto e que se vê obrigado a fazer de si próprio uma aventura, uma câmara de torturas, uma selva insegura e perigosa..., este louco, este prisioneiro desejoso e desesperado foi o inventor da «má consciência».[20]"*

Isto era algo de novo, de inaudito. Este novo tipo de espectáculo em que o Homem procurava no seu interior algo para dilacerar, nesse interior onde agora os mais violentos e hipnotizantes acontecimentos tinham lugar, qual animal selvagem que se atira contra as grades de uma jaula que é o seu interior e que em tempos de crise, estala o verniz da civilização e sai da jaula ou em tempos comuns procura o perigo da liberdade numa vida de crime ou de excessos, necessita também de um novo tipo de espectador: *"Na verdade, eram precisos espectadores divinos para que pudesse ser apreciado o espectáculo que tinha começado e cujo fim ainda hoje se não pode prever... Um espectáculo demasiado especial, demasiado maravilhoso e paradoxal para poder desenrolar-se sem sentido, desapercebido, num qualquer planeta ridículo![21]"* Este era para Nietzsche o espectáculo supremo, a Terra como palco e a Humanidade enquanto actor, e tão grandioso, violento e hipnótico espectáculo, tinha de ter espectadores à sua altura, semi-deuses, deuses e outras mais divindades, interessadas pelo desenrolar de tão trágicos acontecimentos, sobre os quais não têm controlo e que necessitavam de novidades, de novos píncaros de sofrimento, de heroísmo, de paixão, de violência, para manter-lhes o interesse.

A má consciência surge então no decorrer da evolução

---

política e social da Humanidade não como progresso ou adaptação, mas como uma fractura que deixa uma marca indelével na Humanidade, agora reduzida ao nível de um animal doméstico, dócil, às ordens do dono, apto a ser moldado por aqueles que mantiveram os seus instintos violentos intactos, aqueles que se orientam pela sua vontade de poder enquanto estrela polar. Mesmo a criação do Estado pressupõe um acto de violência sobre aqueles que se submetem a ele e a partir daí os actos violentos não deixam de suceder-se. Para Nietzsche é assim que surge o povo, só possível porque as pessoas foram tornadas maleáveis e assim também moldadas para esse fim[22]. Mas Nietzsche vai mais longe e deixa bem explícito aquilo que quer dizer por Estado: *"Usei a palavra «Estado» e é fácil perceber o que com ela quero dizer: um bando de feras loiras, uma raça de senhores e conquistadores que, organizados para a guerra e possuindo força para organizar, cravam impiedosamente as suas temíveis garras numa população talvez muitíssimo superior em quantidade, mas ainda errante e desprovida de forma. É assim que nasce no mundo o «Estado», e suponho que deste modo fica arrumada de vez a ideia visionária que identifica o seu início com um «contrato». Quem pode comandar, quem é por natureza «senhor», quem transporta a violência nos seus feitos e nos seus gestos..., precisa de contratos para quê?[23]"* Aqui está patente a crítica a muitos dos teóricos liberais e filósofos políticos, como Thomas Hobbes, John Locke ou Jean-Jacques Rousseau, que marcaram uma era política na Europa e no Novo Mundo, sendo que alguns deles influenciaram na prática dois acontecimentos de grande repercussão, a Revolução Francesa e a Revolução Americana, que aplicariam um golpe fatal no Antigo Regime.

Nietzsche louva assim aqueles *"criadores de Estados"*[24],

---

[22] Cf. Friedrich Nietzsche, op. cit., p.99.
[23] Idem, ibidem.
[24] Idem, p.101.

artistas involuntários que sem estarem submetidos aos conceitos de culpa e de responsabilidade, são dominados pelo egoísmo do artista, que vê a sua obra como a sua justificação perante a eternidade. A má consciência seria assim a repressão do instinto da liberdade, que inclui a liberdade de ser cruel e a repressão dessa liberdade levava o Homem a exercer a crueldade sobre si mesmo, muitas das vezes autodestruindo-se.

A crónica dos suplícios e do seu desvanecer, segundo Foucault

Michel Foucault recebeu bastantes influências na sua obra, não só de Nietzsche, mas também de Heidegger, e a sua filosofia é bastante original ao unir esta área com outras ciências sociais, como a história, a psicologia, o direito ou a medicina[25].

As disciplinas, no âmbito sobretudo do sistema carcerário, os poderes disciplinares no condicionamento espacial do corpo, as redes carcerárias, desde a colónia penal de tipo agrícola, a prisão celular, o panóptico benthiano, ou o reformatório juvenil, estão no cerne da obra *Vigiar e Punir*. Mas, nas mãos das autoridades o complexo disciplinar é muito mais versátil e vai muito mais longe: quartéis, escolas, hospitais, hospícios, integram-se também, segundo Foucault, na lógica da vigilância, da punição e da formatação[26].

Foucault inicia a obra *Vigiar e Punir* com uma descrição bastante vívida de um suplício seguido de execução feita por

---

[25] Ver Gary Gutting (Ed.), *The Cambridge Companion to Foucault*, Cambridge University Press, Cambridge, 2005.

[26] Felix Driver, "Bodies in Space-Foucault's account of disciplinary power", in Colin Jones e Roy Porter, (Eds.), *Reassessing Foucault – Power, Medicine and the Body*, Routledge, London, 1994, p. 113 e seguintes.

quatro cavalos, de Damiens, que tinha feito uma tentativa de regicídio em França, sendo condenado em 1757. Em contraste, segue-se uma descrição do horário diário de uma prisão, a *Casa dos jovens detentos de Paris*,[27] algumas décadas mais tarde. A punição de Damiens foi particularmente cruel e violenta visto que o regicídio era o mais grave de todos os crimes, como tal a sua morte foi lenta, agonizante e mesmo depois de morto o seu corpo foi queimado e as suas cinzas espalhadas. No outro caso, o da prisão para jovens, os corpos são cuidadosamente limitados nos seus movimentos, e o espírito sujeito a horários apertados, que são meticulosamente cumpridos para criar um condicionamento nos reclusos.

Os suplícios, como vimos acima, agem sobre o corpo mesmo após a morte do supliciado. Era comum a exposição em pelourinhos, à beira das estradas, o arrastamento do corpo pelas ruas, a queima do corpo e o espalhamento das suas cinzas, numa altura em que tal não era comum nas sociedades europeias (os enterros eram feitos nas igrejas e mais tarde nos cemitérios). Esta exposição tinha um papel de profilaxia, ao servir para dissuadir e vincar bem na memória do povo o preço que tinham de pagar aqueles que desafiavam o poder soberano e absoluto do rei, numa similitude com a mnemónica do ferro em brasa de Nietzsche, que cria no Homem a memória e a responsabilidade de cumprir as suas promessas. Está por detrás dos suplícios uma legitimação política do poder do soberano e uma política de controlo das massas baseada no medo. O foco da violência nos corpos permitiria salvar as almas que eram à época consideradas mais importantes do que os corpos.

Segundo Foucault, houve um papel da oficina, da fábrica, em suma da Revolução Industrial na mudança dos suplícios para as instituições disciplinares. O corpo deixa de ser o alvo principal das

---

[27] Michel Foucault, *Vigiar e Punir, História da violência nas prisões,* 20ª edição, Editora Vozes, Petrópolis, 1999, p.10.

punições, a acção sobre o corpo existe ainda, mas é secundária, o alvo é algo imaterial, mais íntimo e mais profundo, e age-se com o objectivo de transformar o carácter dos reclusos, ou de criar operários eficientes e aptos a cumprir horários, em posições muitas vezes desconfortáveis ou executando movimentos repetitivos. Os castigos sobre o corpo tornam-se mais velados, oculta-se o corpo e o sangue usando crepes, capuzes ou vestes largas[28].

Foram efectivadas também as medidas de segurança para inadaptados, segundo métodos muito mais estritos e científicos. Além dos criminosos, integrados nas novas redes de estruturas prisionais, surge uma rede de asilos, hospícios e casas de repouso para internamento de inadaptados, retidos obviamente contra a sua vontade e na maioria dos casos sem qualquer transtorno clínico, ou sujeitos a experiências com justificação científica. Eram sim, pessoas tornadas incómodas, muitas das vezes para a própria família e que durante muito tempo, foram privadas de todos os direitos, tratadas compulsivamente com banhos gelados, sedativos, espancamentos ou mesmo choques eléctricos. Era um sistema carcerário à margem do sistema penal e que ao contrário daquele se baseava numa arbitrariedade muito maior, muitas vezes à discrição da família ou de médicos facilmente subornáveis.

A reclusão tornou-se parte corrente e fundamental do sistema penal, havendo um controlo da vida quotidiana como forma de adestramento com objectivos económicos, relembre-se o papel da Escola e a sua importância na formação dos futuros operários das fábricas que surgiam em resultado da Revolução Industrial, mas também do Quartel, do Hospital e da Prisão enquanto actuação sobre a capacidade de resistência política dos cidadãos, ensinando-os a seguir ordens sem contestar. Essa tecnologia política do corpo assenta numa microfísica do poder, que age de forma individual sobre cada um, moldando consciências e corpos, num aperfeiçoamento do processo de

---

28 Idem, p.21.

construção de Estados já exemplificado por Nietzsche e que actua sempre e cada vez mais no sentido da limitação das liberdades individuais.

Os horários tiveram origem nas comunidades monásticas, particularmente activas durante a época medieval, difundindo-se depois à restante população no âmbito das disciplinas. Anteriormente muitas pessoas regiam-se apenas pelo nascer do dia e pelo ocaso, que variava segundo as estações do ano e os relógios estavam ausentes da vida do comum cidadão. A conjunção dos horários com o sistema carcerário celular tinha como objectivo actuar não só sobre o espaço, mas também sobre o tempo. A prisão passa a ser lugar de reeducação, um local de isolamento celular, para melhor actuar sobre o espírito dos detidos, usando-se até tranquilizantes caso fosse necessário e outros fármacos. A emergência de uma farmacopeia moderna, e o seu papel na docilização dos elementos criminosos e inadaptados daria por si só para ser aprofundada num trabalho próprio, isto para não falar em métodos cirúrgicos que surgiriam, como a infame lobotomia.

De destacar nesta emergência do sistema carcerário prisional, o panoptismo, uma ideia da cabeça de Jeremy Bentham, uma disposição circular da prisão, em que todas as celas abrem para um pátio central, onde de uma torre um vigia consegue ver qualquer uma delas sem ser visto. Como tal, os presos nunca sabem se num dado momento estão a ser observados pelo vigilante, ou não. Isto vinha reforçar a ideia de controlo absoluto sobre os reclusos, ao mesmo tempo que poupava ao Estado a necessidade de contratar um número elevado de guardas para vigiar o interior das prisões.

Os juízes, que durante a era dos suplícios dirigiam o processo todo, sem a participação do recluso no mesmo, visto que só surgia no processo para a extracção da confissão ou a leitura da sentença, começaram a ser coadjuvados por outros especialistas. O objectivo já não é o castigo do corpo, do qual um criminoso pode emergir facilmente, como um cão que se sacode depois de um pontapé, mas agir sobre a mente e o carácter numa verdadeira ortopedia moral e psíquica. (Peter Sloterdijk também fala neste tipo de ortopedia, para endireitar não os ossos, mas o espírito e o carácter).

Já vimos acima que a continuação das penas físicas, como a condenação à morte não terminou, mas humanizou-se infinitamente. Houve o fim das mil mortes. Dantes pretendia-se que os suplícios prolongassem a morte e que o supliciado morresse mil vezes, entre os maiores sofrimentos, mas agora pretende-se uma morte que seja rápida e discreta, poupando o condenado, e o povo que invariavelmente assistia às execuções, a sofrimentos ou imagens desnecessárias. *Monsieur* Guillotin inventou o dispositivo de execução que levou o seu nome e que permitia uma execução rápida e eficaz, algo desejado pelo seu inventor, sendo usado com bastante frequência no final do século XVIII. Calcula-se que durante o período mais violento da Revolução Francesa, entre 1793 e 1795, cerca de quinze mil pessoas tenham sido mortas na guilhotina, sendo que a mesma continuou a ser um método usual de execução. A última morte pela guilhotina teve lugar em 1977.

Entre 1830-1848, segundo Foucault, houve um desaparecimento progressivo dos suplícios em França, mas também na maioria dos países europeus, mantendo alguns países como a Inglaterra, a Prússia ou a Rússia alguns castigos corporais, como a prática do açoitamento, sendo que a pena de morte, quando persistiu, foi objecto de modificações para ser uma execução rápida, científica e eficaz, sem sofrimentos considerados já desnecessários e marca de um passado que o mundo moderno queria em parte esquecer.

No segundo capítulo da obra *Vigiar e Punir*, Foucault faz uma análise mais aturada dos suplícios, dos seus pormenores e gradações, dos processos penais e das mudanças que conduziram dos suplícios ao sistema carcerário. A maior parte das penas na época que precedeu o sistema de reclusão eram banimento ou multa, as penas capitais, que implicavam suplício situavam-se entre 9 a 10%, mas pelo seu carácter público e pelo aparato criado à sua volta, até com a exibição dos condenados e do seu cadáver, tinham um grande impacto na sociedade.

Mas, o que é afinal um suplício? Segundo Foucault, *"O suplício é uma técnica e não deve ser comparado aos extremos de uma raiva sem lei. Uma pena, para ser um suplício, deve obedecer a três critérios principais: em primeiro lugar, produzir uma certa quantidade de sofrimento que se possa, se não medir exactamente, ao menos apreciar, comparar e hierarquizar; a morte é um suplício na medida em que ela não é simplesmente privação do direito de viver, mas a ocasião e o termo final de uma graduação calculada de sofrimentos: desde a decapitação – que reduz todos os sofrimentos a um só gesto e num só instante: o grau zero do suplício – até ao esquartejamento que os leva quase ao infinito, através do enforcamento, da fogueira e da roda, na qual se agoniza muito tempo; a morte-suplício é a arte de reter a vida no sofrimento, subdividindo-a em «mil mortes» e obtendo, antes de cessar a existência, the most exquisite agonies. O suplício repousa na arte quantitativa do sofrimento.*[29]" Como vemos, é uma técnica com regras muito precisas e existia mesmo uma gradação dos sofrimentos e manuais para a sua realização, bastante pormenorizados.

Já constatámos anteriormente que, não só as prisões, mas também as escolas, quartéis, hospitais e hospícios faziam parte do sistema por detrás das disciplinas, começando com o adestramento das crianças e estendendo-se por toda a vida do cidadão[30]. A prisão adoptou o modelo celular, um modelo que actuava de forma mais eficaz sobre as mentes e estabelecia um espaço exíguo e rígido para o corpo. No isolamento solitário o detido tinha tempo para reflectir sobre os seus crimes e aperfeiçoar o seu carácter, sem gozar da companhia de outros reclusos, sendo a solidão mais uma das armas ao serviço das autoridades para "vergar" os presos. Além das celas individuais, isolamentos ainda mais rigorosos na solitária, impedindo qualquer contacto com outras pessoas, às

---

[29] Idem, p.38.
[30] Idem, p.41.

vezes por períodos prolongados, ajudavam a exercer maior pressão sobre os prisioneiros, deixando muitas vezes sequelas físicas e psicológicas.

No âmbito das condenações e posterior suplício, a confissão do prisioneiro representava um papel importante. Por um lado, o acusado jurava dizer a verdade, sob pena de cometer perjúrio, por outro lado a tortura era prática corrente para levar o acusado a confessar os seus actos. Mas, durante muito tempo, se o acusado resistia à tortura sem confessar era considerado inocente, uma herança do ordálio medieval. Mais tarde, isso deixou de ser linear se havia outras provas ou testemunhos que podiam ser usados contra o suspeito. Aliás só o facto de ser acusado já era algo de criminoso, não teria sido acusado se não tivesse feito nada, restava averiguar o grau da culpa, era essa a atitude geral em relação aos acusados de crimes. O suplício assume assim um carácter fortemente teatral, no qual o supliciado desempenha também um papel, com diversas acções que lhe são destinadas durante o desenrolar do suplício.

Foucault, em relação aos suplícios chama-lhe mesmo *"Teatro do Inferno, condenado o corpo há que salvar a alma*[31]. O corpo podia receber todos os castigos, torturas e dores, sendo que era importante que a alma se salvasse pelo arrependimento e pela confissão antes do derradeiro momento. Mesmo assim, alguns condenados, injuriavam, cuspiam e blasfemavam até ao fim, num histerismo justificado pelo horror em que estavam mergulhados, enquanto outros enfrentavam estoicamente o seu destino, conquistando a admiração do povo que invariavelmente assistia a este grotesco espectáculo e que muitas vezes acabava por pedir a libertação do condenado. Como veremos mais abaixo, o papel que o povo desempenhava e o partido que muitas das vezes tomava, nestas execuções e suplícios públicos, foi um factor decisivo na mudança de paradigma do modelo dos suplícios para o modelo do

---

[31] Idem, p.64.

encarceramento.

Judith Revel, no seu glossário foucaultiano[32] faz também uma entrada sobre o corpo e o investimento político que é feito sobre os mesmos, no âmbito da passagem do corpo de receptáculo dos castigos, muitas das vezes para se poder aproveitar a alma, para um sistema de reclusão onde se pretendia, através de métodos científicos bem estudados passar a corrigir sobretudo a mente e o carácter, actuando assim indirectamente sobre os corpos, os quais também sofriam os efeitos de um isolamento, de um horário rígido e de uma restrição física marcada pelo modelo celular das prisões ou pelo tristemente célebre panóptico de Jeremy Bentham. O conceito de disciplina associado a esta modalidade penal desenvolvida entre o século XVIII e o século XIX também foi abordado e segundo ela, *"o regime disciplinar caracteriza-se por um certo número de técnicas de coerção que exercem um esquadrinhamento sistemático do tempo, do espaço e do movimento dos indivíduos e que atingem particularmente as atitudes, os gestos, os corpos..."*[33].

Os suplícios e execuções assumem o aspecto de uma liturgia penal, mas também política. Era um domínio pelo medo do povo, sendo que a presença e poder do rei estavam no cerne dos suplícios e das execuções. O povo, era testemunha do castigo, mas também objecto de uma intimidação por parte do poder, no caso, de um poder monárquico absoluto. Mas também participava: insultos, escarros, ou até vingança física sobre o condenado se o deixassem, por vezes. Por outro lado, também havia uma revolta do povo contra algumas sentenças e tentativas de libertar os condenados. Era uma solidariedade do povo para com os pequenos delinquentes, como mendigos, pequenos ladrões e outros que tais, que sofriam duras condenações. Havia muitas das vezes um aspecto de Carnaval, de expiação colectiva de culpas nestes suplícios públicos, sempre apinhados de povo, em que se come e bebe como numa festa e onde desde crianças a velhos tomavam

---

[32] Cf. Judith Revel, *Foucault – conceitos essenciais,* Claraluz, São Carlos (SP), 2005, pp. 31 e seguintes e 35 e seguintes.
[33] Judith Revel, op.cit., p.35.

parte.

Em sentido oposto, quando o povo não acreditava na justiça da pena que estava a ser aplicada, tinham de ser destacados soldados suficientes para manter o povo afastado e zelar pela prossecução da sentença, uma vez que havia casos em que os poucos soldados destacados por má avaliação da situação, eram subjugados pelo povo e o carrasco e os seus ajudantes mortos pela ira popular e o condenado, levado para parte incerta ou escondido para escapar à execução. Por vezes a revolta do povo, embora localizada, descambava em violentas sublevações, com vandalismo, pilhagens e acções contra os poderes públicos. O acentuar destas situações foi um dos factores que levou ao fim dos suplícios, tinham o poder de incendiar o povo e as monarquias absolutas já tinham os seus próprios problemas, eram colocadas em causa por um número crescente de pensadores e por uma burguesia insatisfeita que queria participação na partilha do poder, exigindo profundas reformas políticas.

Conforme nos diz Foucault: *"Em toda a infração há um crimen majestatis, e no menor dos criminosos um pequeno regicida em potencial. E o regicida, por sua vez, não é nem mais nem menos que o criminoso total e absoluto, pois em vez de atacar, como qualquer delinquente, uma decisão ou uma vontade particular do poder soberano ele ataca o seu princípio na pessoa física do príncipe. A punição do regicida deveria ser a soma de todos os suplícios possíveis.*[34]" Daí todo o violento espectáculo ritualístico e progressivo sobre o corpo de Damiens, culpado do mais grave crime que há.

O executor era um pouco como o campeão do rei, representava o rei, que não podia sujar as mãos no processo do suplício e na aplicação do golpe de misericórdia, mas que se fazia representar pelo carrasco, que tinha a seu cargo uma obrigação desgraçada, mas necessária. Ao fazer pagar um crime com uma violência igual ou superior, o carrasco era muitas vezes perseguido

---

[34] Michel Foucault, op. cit., p.71.

pelo povo, chegando mesmo a ser morto, sobretudo se as penas eram injustas ou excessivas. Recordemos que muitas vezes membros do clero ou da nobreza escapavam dos seus crimes com penas leves, enquanto os crimes cometidos por elementos do povo eram mais severamente castigados, como meio até de controlar e impedir sublevações políticas e sociais. O rei podia suspender a execução e por vezes fazia-o, quando via que tinha algo a ganhar com isso, ou quando as manifestações populares eram muito fortes e o rei queria ganhar a simpatia do povo. Com o tempo, o carrasco passou a agir anonimamente, encapuzado, para se proteger contra a possível ira popular. Encontra-se aqui uma conexão entre o que Agamben há-de escrever mais tarde sobre os dois corpos do rei, um corpo místico e perpétuo e outro físico, e também como o atentado contra a vida e o corpo do rei se traduzia no maior crime de todos[35]. O crime contra o rei, entrava numa categoria própria, o regicídio, estando afastado de um vulgar homicídio, como o crime mais terrível de todos[36].

A mudança a que se assiste no último quartel do século XVIII e inícios do século XIX, está também relacionada com o triunfo do Iluminismo, das ideias liberais e democráticas, as novas instituições que surgiam após a queda do Absolutismo, não queriam punir com atrocidades as atrocidades que os criminosos praticavam. A pena de morte continuava a existir, mas aplicada de forma diferente e humanizada. O suplício deixa de estar associado às execuções e parte-se para um novo paradigma de condicionamento mental e corporal.

A dialéctica entre corpo e mente como questão actual

---

[35] Giorgio Agamben, *Homo Sacer – O poder soberano e a vida nua I,* Editora UFMG, Belo Horizonte, 2007, p.100.
[36] Idem, p. 109.

Do exposto acima podemos afirmar que o estabelecimento do Estado enquanto entidade política complexa, fosse ele um reino feudal, uma república ou mesmo um império, trouxe consigo a má consciência, e esse foco no interior que segundo Nietzsche dá origem à dimensão da alma. Se na Antiguidade o corpo era encarado com naturalidade, fosse na dimensão do castigo e da crueldade, mas também na dimensão do amor e do erotismo, a passagem da Antiguidade à Idade Média, o advento da vida monástica e a interiorização da moral cristã vieram condicionar o corpo de uma forma muito mais apertada do que anteriormente. A carne passou a ser algo intrinsecamente mau, era necessário agir sobre ela para subjugá-la, elevando ao mesmo tempo o espírito, que surgia ou ressurgia com grande força no mundo europeu, fruto de um condicionamento político e social mais próximo, visto que ao Império Romano tinham-se seguido uma miríade de reinos e outros domínios de possessão territorial feudal, como ducados e condados, que actuavam sobre o povo de forma muito mais próxima.

Era uma exacerbação da mente, relegando o corpo para o domínio do mal, da impureza, do sofrimento e da ocultação. Recordemos que os horários, como bem expôs Foucault tiveram a sua origem no domínio monástico, que apesar deste grande desequilíbrio entre corpo e mente, era quase um oásis no mundo violento, cruel e mortífero da Europa medieval, na qual as guerras e violências, a fome e as doenças cobravam pesado tributo e a morte era presença constante. A vida de isolamento e contemplação, fosse em ermos como montanhas ou desertos, ou em mosteiros de sólidas paredes, numa vitória temporária de um espírito ascético de que Nietzsche traça as linhas na terceira parte de *Para a Genealogia da Moral*, contrapõe-se à vida mundana da acção e do movimento, sujeita amiúde a tentações e desvios da conduta julgada apropriada para um cristão.

No final do século VI, a oficialização de uma lista de pecados capitais, mandada publicar pelo Papa Gregório I, tornou-a numa recomendação para todos os cristãos e conduziu a uma maior vigilância da comunidade sobre os crentes e de cada indivíduo sobre si mesmo. Pintores de renome como Hieronymus Bosch, consagraram boa parte da sua obra a elencar os pecados e os castigos que os pecadores receberiam no Inferno, a pintura e a escultura surgiam como uma profilaxia dos comportamentos pecadores, sendo expostas nas igrejas e catedrais para edificação do povo.

Os fenómenos que conduziram à Revolução Francesa e consequente alteração na paisagem política e social europeia e norte-americana, criados pelas más condições de vida de um povo explorado e que vivia sobretudo em condições de miséria e por uma burguesia que continuava a aumentar a sua riqueza, embora continuasse em grande parte excluída da partilha do poder, trouxeram novos princípios de filosofia política de tipo liberal, que em matéria religiosa advogavam a laicidade, a extinção das ordens religiosas, a confiscação dos bens da Igreja, entre outras opções que por vezes caminhavam mesmo para o ateísmo. Este fenómeno do ateísmo, conjugado com um pessimismo omnipresente, dará na opinião de Nietzsche origem ao nihilismo, esse fastio de viver que permeará a sociedade europeia a partir do século XIX.

Com a perda da influência da Igreja, começou uma época de revalorização do corpo, daí também a percepção de crescente importância do mesmo e do impacto dos suplícios. À medida que o corpo ia reganhando alguma da importância e liberdade que tivera na Antiguidade, também crescia a repulsa face aos castigos corporais, sobretudo os suplícios. Isto não quer dizer que não tenham permanecido ou surgido correntes e movimentos puritanos, como na Inglaterra vitoriana, por exemplo. Esta mudança de paradigma fez com que fosse muito mais aceitável actuar sobre o espírito do que sobre a carne. Nietzsche foi um dos filósofos que primeiro se debruçou sobre a importância do corpo, como filósofo da acção e da filosofia em movimento, deixando para trás o modelo de filósofo encerrado no seu escritório, o modelo de um filósofo contemplativo que tinha dominado a Idade Média, em favor do filósofo que vive no mundo e que escreve sobre o que experimenta. Na ânsia de viver segundo as suas máximas, no limite, Nietzsche terminou a sua carreira abraçado ao pescoço de um cavalo em Turim.

A repressão da crueldade de que Nietzsche fala, levou ao ampliar do foro interno do Homem, e ao surgimento em larga escala das nevroses e certo tipo de doenças psiquiátricas de que o mundo padece bastante hoje em dia e que Freud e Jung começaram a analisar sistematicamente nos inícios do século XX, abrindo à medicina em sentido lato o caminho para o interior impalpável do Homem.

O século XX assistiu a uma evolução ainda mais favorável face à libertação do corpo, mas caindo no excesso de sinal contrário ao que tinha envolvido a Idade Média, mergulhando muitas vezes no materialismo e no consumismo desenfreados, enquanto crescia cada vez mais o processo de controlo do ser humano, actuando cada vez mais sobre essa "alma" que tinha caído em desuso ou mesmo em desgraça. Além de Foucault, que se dedicou bastante ao estudo dos corpos, podemos destacar outros nomes como Giorgio Agamben ou Maurice Merleau-Ponty (embora neste último sob uma óptica bastante distinta).

Merleau-Ponty, que teve forte influência de Husserl e de Heidegger, destaca o papel do corpo no seu papel enquanto expressão e percepção, os gestos surgem enquanto construção do real, enquanto ser no mundo, no âmbito dos seus trabalhos na área da fenomenologia e do existencialismo. Também são de interesse as suas teorias sobre a arte e a sua concepção de espaço profundamente relacionada com o corpo próprio[37].

Agamben foca parte da sua atenção na questão da pornografia no mundo contemporâneo, associada ao conceito de

---

[37] Cf. Taylor Carman e Mark B. N. Hansen, (Eds.), *The Cambridge Companion to Merleau-Ponty*, Cambridge University Press, Cambridge, 2005

profanação[38]. No mundo actual vivemos situações em ambos os extremos, do culto do corpo associado aos desejos de eterna juventude e a desportos como o culturismo e por outro lado uma banalização da exposição dos corpos que está muito longe da exposição associada à arte clássica e é mais uma exposição forçada, muitas das vezes com fins comerciais. O conceito de alma foi praticamente expurgado, pelas conotações históricas a que ficou associado, mas por outro lado, nunca a actuação das instituições sobre o espírito foi tão forte, numa tentativa de condicionamento que começa cada vez mais cedo, com creches e infantários a agir sobre a mente das crianças e a virtualização da vida contemporânea, num simulacro de realidade, que deixa um vazio no ser humano. De resto, ainda não conseguimos alcançar um equilíbrio saudável entre espírito e corpo, à maneira do romano Juvenal, e alternamos pelos séculos entre dois extremos.

Conclusão

Podemos concluir que Foucault vai buscar a Nietzsche a inspiração para fazer nos primeiros capítulos de *Vigiar e Punir* um resumo da situação dos suplícios em França, como contraste para o que se segue, a passagem do regime dos suplícios para o regime dos encarceramentos. As autoridades deixam de actuar sobre os corpos, por uma série de desvantagens que já referimos acima e passaram a actuar sobre o espírito, assumindo não só condicionamentos espaciais e físicos, mas também psiquícos, regulando até ao mais ínfimo pormenor o quotidiano dos detidos. Deu-se a passagem para algo que pode ser classificado de uma

---

[38] Cf. Giorgio Agamben, *Profanações*, Livros Cotovia, Lisboa, 2006.

ortopedia moral, termo que será mais tarde recuperado por Sloterdijk, um tipo de ortopedia não para endireitar os ossos, mas o espírito e o carácter.

Na primeira parte do ensaio vimos como Nietzsche constrói uma genealogia dos suplícios e da crueldade e apresenta a tese inovadora de que estes estão ligados ao conceito de dívida, mas também como surge a má consciência e a alma.

Na segunda parte o foco esteve na obra *Vigiar e Punir* e na forma como Foucault faz a crónica dos acontecimentos e fenómenos que conduzem da era dos suplícios à era do sistema prisional. Vimos como factores económicos, políticos e sociais levaram a abandonar um sistema e deram lugar ao novo.

Na terceira parte deste breve ensaio, explorámos de forma mais dinâmica as confluências entre entre estes dois pensadores, recorrendo também a alguns outros nomes para aprofundarmos melhor a questão da passagem do foco no corpo para o espírito na punição moderna e a dialéctica entre estes dois conceitos.

Notas bibliográficas

AGAMBEN, Giorgio, *Homo Sacer – O poder soberano e a vida nua I,* Editora UFMG, Belo Horizonte, 2007.

AGAMBEN, Giorgio, *Profanações,* Livros Cotovia, Lisboa, 2006.

CARMAN, Taylor e HANSEN, Mark B. N., (Eds.), *The Cambridge Companion to Merleau-Ponty*, Cambridge University Press, Cambridge, 2005.

DRIVER, Felix, "Bodies in Space-Foucault's account of disciplinary power", in JONES, Colin e PORTER, Roy (Eds.),

Reassessing Foucault – Power, Medicine and the Body, Routledge, London, 1994.

FOUCAULT, Michel, *Vigiar e Punir - História da violência nas prisões,* 20ª edição, Editora Vozes, Petrópolis, 1999.

GUTTING, Gary (Ed.), *The Cambridge Companion to Foucault*, Cambridge University Press, Cambridge, 2005.

JANAWAY, Christopher, "Naturalism and Genealogy", in PEARSON, Keith Ansell (Ed.), *A Companion to Nietzsche*, Blackwell Publishing, Oxford, 2006.

NIETZSCHE, Friedrich, *Para a Genealogia da Moral,* Relógio D'Água, Lisboa, 2000.

REVEL, Judith, *Foucault – conceitos essenciais,* Claraluz, São Carlos (SP), 2005.

2 ANTECEDENTES CULTURAIS E HISTÓRICOS DA EXTREMA-DIREITA CONTEMPORÂNEA

Introdução

A ascensão da extrema-direita é um fenómeno que não é novo. Mesmo depois do fim da Segunda Guerra Mundial, em que houve a derrota militar estrondosa do fascismo, do nacional-socialismo e do autoritarismo militarista japonês, os fenómenos semelhantes não tardaram a reemergir. Em Itália foi com o *Movimento Sociale Italiano*, fundado logo em 1946, contando com nomes como Giorgio Almirante e Pino Rauti na liderança, mais tarde Gianfranco Fini, abraçando aquilo que ficaria conhecido como neo-fascismo, mas também tentando agradar a direitistas mais ligados ao conservadorismo. Agrupava veteranos de ambos os momentos do fascismo, ou seja, do *Ventennio*[39] e da República Social Italiana.

Na Alemanha, algo de semelhante ocorreu. Em 1946 nasce o *Deutsche Rechtspartei* de extrema-direita, que acaba por aglutinar muitos ex-membros do *NSDAP* e figuras do Terceiro Reich. Em 1950, o partido seria transformado em *Deutsche Reichspartei*, muito mais próximo do neo-nazismo e neo-fascismo. O *Deutsche Reichspartei* acabaria por ser dissolvido em 1964, sendo criado a partir dele e com a integração de outras forças o *NPD*. Também é de mencionar o *Sozialistische Reichspartei Deutschlands*, criado em 1949 e claramente neo-nazi, que acabaria por ser ilegalizado logo em 1952.

Se na Alemanha estas iniciativas tiveram sucesso bastante limitado, em Itália o *Movimento Sociale Italiano* conseguiu um sucesso expressivo, que aumentou quando o partido, sob a liderança de Gianfranco Fini, se transformou em *Alleanza Nazionale*.

Noutros países a emergência de partidos semelhantes apenas ocorreria bastante mais tarde e, sobretudo em França, houve várias tentativas para dar uma nova roupagem às ideias nacionalistas, como veremos mais adiante, emergindo a *Nouvelle Droite* francesa, mais tarde o identitarismo. O fim da União Soviética em 1991 levaria à emergência do neo-eurasianismo na Rússia.

Contudo, os novos partidos de tipo populista, como o *VOX* espanhol, o *CHEGA* português, a *Lega Nord* italiana ou o *Alternative für Deutschland* alemão, que surgiram já neste milénio,

---

[39] O período entre a ascensão ao poder em 1922 e a queda em 1943. Até ao fim da Segunda Guerra Mundial, o fascismo reagrupou-se no Norte de Itália, sob a bandeira da República Social Italiana, passando o Partido Nacional Fascista a Partido Fascista Republicano. Mussolini não tinha esquecido a deposição às mãos do general Badoglio, a prisão no Gran Sasso (da qual foi libertado na famosa incursão alemã de Otto Skorzeny e dos seus comandos) e o papel do rei italiano nisso, pelo que defendia agora a república e o fim da Casa de Sabóia.

fogem da organização tradicional da extrema-direita, das figuras políticas históricas do fascismo e do nacional-socialismo, embora a nível das ideias possam partilhar muitas em comum, mas com uma embalagem bastante diferente na sua apresentação ao público.

Cas Mudde, estudioso dos movimentos populistas, de direita radical ou extrema-direita, faz uma interessante apresentação quanto à organização destes actores políticos, dividindo-os em: partidos políticos, desde partidos de quadros, ou de lideranças policéfalas, a partidos de um líder único, geralmente de grande importância para a existência do mesmo; movimentos sociais (que incluem organizações intelectuais como o GRECE, o Instituto Gatestone ou o ISSEP de Marion Maréchal-Le Pen, organizações de meios de comunicação social, como o Breitbart News, Info Wars e organizações políticas); subculturas, que incluem a *alt-right*, os *hooligans*, ou os *skinheads*.[40]

Veremos as origens históricas destas ideias, com o advento do proto-fascismo em França, o surgimento do fascismo e do nacional-socialismo e no pós-guerra as tentativas em França para recuperar as ideias nacionalistas, bem como o populismo actual em sentido estrito. Existe uma continuidade de ideias, que vão sofrendo mudanças na sua abordagem e na forma e meios pelos quais são apresentadas aos cidadãos. Afastadas dos meios de comunicação tradicionais a maior parte das vezes, as tendências populistas aproveitaram os novos meios de divulgação, como a Internet em geral e as redes sociais em particular, mas também sistemas de mensagens instantâneas como *Whatsapp* e *Telegram* ou o fácil acesso a meios audiovisuais hoje em dia para profusa difusão de mensagens em vídeo. Pretenderemos responder às questões que se levantam sobre os antecedentes culturais e históricos da extrema-direita contemporânea.

---

[40] Cf. Cas Mudde, *O regresso da ultradireita – Da direita radical à direita extremista*, Editorial Presença, Barcarena, 2020.

Origens históricas e filosóficas

Podem apontar-se algumas reacções à Revolução Francesa como estando na origem dos movimentos fascistas, populistas e similares, conhecidos no seu conjunto como extrema-direita, embora alguns deles, como o nacional-bolchevismo, o nacional-comunismo ou o nacionalismo-revolucionário possam acreditar muitas características de esquerda, sobretudo na sua postura anti-capitalista e socializante. Nomes como Edmund Burke, Joseph de Maistre e Juan Donoso Cortés integram esta primeira vaga, de cariz contra-revolucionário, conservador, e muitas vezes ultramontano, reclamando-se como herdeiros da tradição face ao caos e perturbação da ordem causados pela Revolução Francesa, que marcou a ascensão política da burguesia.

Já no rescaldo do emergir das ideias marxistas, nasce em França a *Action Française*, onde militaram Maurice Barrès e Charles Maurras, que ainda hoje existe, surgindo no mundo anglo-saxónico o distributismo, teoria económica oposta ao capitalismo e ao comunismo, que se baseava fortemente na Doutrina Social da Igreja, nomeadamente na encíclica *Rerum Novarum*. Além de figuras ligadas ao clero católico, mas também a movimentos ruralistas, de regresso à terra, por oposição às urbes, onde consideravam que os humanos estavam sujeitos a todas as tentações e depravações, destacam-se Gilbert Chesterton e Hillaire Belloc. Charles Maurras pode ser apontado como um precursor do fascismo, um proto-fascista que liderou uma das organizações com maior longevidade (desde 1898), num meio em que muitas das vezes as organizações e a militância são muito efémeras.

Bastante mais tarde, já no rescaldo da Revolução Russa e da Primeira Guerra Mundial, Mussolini, antigo membro destacado do *Partido Socialista Italiano*, que privara com Lenin na Suíça e tivera graças ao seu pai amplo contacto com autores socialistas e anarquistas, criava o fascismo. Influenciado pelas ideias de Charles Maurras, pelo sindicalismo revolucionário de Georges Sorel, pelos trabalhos de Friedrich Nietzsche, entre outros, o fascismo emergia como oposição ao comunismo e ao socialismo, mas também à sociedade burguesa capitalista, democrática e igualitária. Sabemos como terminou a aventura fascista, deixando, entretanto, alguns pensadores como Giovanni Gentile ou Benedetto Croce, receber o epíteto de "filósofo do fascismo".

Na Alemanha, a ascensão de Hitler, fenómeno com muitas raízes na derrota alemã na Primeira Guerra Mundial, no Tratado de Versalhes que era pesado para os vencidos, e na teoria da "facada nas costas", acreditando-se que a derrota se devia não a factores militares, mas a uma traição levada a cabo no interior da Alemanha por comunistas, socialistas e judeus, alimentou o anti-semitismo e o anti-comunismo, com os resultados históricos que são sobejamente conhecidos e que culminaram na destruição por completo do regime nacional-socialista e na ocupação e divisão da Alemanha pelas potências aliadas. Convém mencionar também a Revolução Conservadora alemã, que ocorreu durante o período da República de Weimar, em muitos dos casos crítica da ascensão de Hitler ao poder e que acabaria por ter de enfrentar repressão do regime por parte do regime nacional-socialista. Dentre a Revolução Conservadora alemã podem destacar-se os nomes de Ernst Jünger, Ernst Niekisch, Carl Schmitt, Werner Sombart, Oswald Spengler, entre outros.

Finda a guerra, fascismo e nacional-socialismo parecem efectivamente arrasados a todos os níveis, não só militar, económico e político, mas também ideológico. Mas o gérmen que esteve na origem das ideias anti-modernas, anti-liberais e mesmo anti-democráticas não tinha desaparecido de vez, em vez disso quase vegetava, como uma crisálida de borboleta, para emergir sob uma nova forma, mantendo a sua essência intacta.

Nova Direita

O fim da Segunda Guerra Mundial, parecia ter dado um golpe fatal nas ideias de tipo fascista e proto-fascista, muito embora os regimes de Portugal e de Espanha se prolongassem durante mais algumas décadas e no Terceiro Mundo surgissem regimes que iam buscar referências, em maior ou menor número, ao Fascismo europeu. São exemplos disto o peronismo argentino, o nasserismo no Egipto ou o social-nacionalismo sírio.

A França, onde tinha surgido o proto-fascismo, pelas mãos de Maurras e de Sorel, tinha tido durante a guerra uma história de colaboração com a Alemanha de Hitler. Essa colaboração tinha sido de envergadura. Não só tinham surgido partidos colaboracionistas, como o Partido Popular Francês, de Jacques Doriot, como o próprio regime de Vichy, encabeçado por Pétain, herói da Primeira Guerra Mundial, era encarado como sendo conivente com a ocupação alemã, até à sua própria ocupação ocorrer. Intelectuais de relevo com Louis-Ferdinand Céline à cabeça, mas incluindo Lucien Rebatet, Robert Brasillach ou Pierre Drieu La Rochelle, colaboraram de uma forma ou outra com o ocupante, recebendo após o fim da guerra condenações à morte ou penas de prisão. O próprio Charles Maurras foi condenado a prisão perpétua, acabando por ser libertado pouco antes de morrer por motivos de saúde. Pétain, chefe de Estado e Pierre Laval, chefe-de-governo de Vichy seriam ambos condenados à morte por fuzilamento, embora a sentença de Pétain tenha sido comutada por DeGaulle para prisão perpétua.

Outros colaboracionistas fugiram de França, como Jacques de Bernonville, um oficial superior da Milícia Francesa, organização da França de Vichy que se ocupou a combater a Resistência Francesa. Outro exemplo, foi Jacques Ploncard, que fugiu para o Portugal do Estado Novo, onde colaborou com o regime salazarista, regressando a França só após o 25 de Abril.

Por outro lado, franceses envolveram-se activamente na guerra ao lado da Alemanha, não só através da Liga Francesa de Voluntários Contra o Bolchevismo, recrutada para lutar contra a URSS, mas mais tarde através da 33ª Divisão de Granadeiros SS Voluntários Charlemagne, que uniu os sobreviventes da Liga com os da Brigada de Assalto SS Voluntária França em 1944. Lançada contra o Exército Vermelho na Pomerânia entre Fevereiro e Abril de 1945, a Divisão foi praticamente aniquilada pela vitoriosa ofensiva soviética e os poucos remanescentes decidiram-se a dirigir-se a Berlim. Durante a Batalha de Berlim, os voluntários franceses ocuparam posições para a defesa da Chancelaria e foram dos últimos soldados presentes na defesa desse local. Poucos sobreviveram à batalha, sendo aprisionados pelos soviéticos ou pelas tropas francesas, britânicas ou norte-americanas. Condenações à morte e penas de prisão esperavam a maioria.

Era com estas feridas abertas que a França emergia do sangrento conflito e as ideias nacionalistas e fascistas estavam bastante desacreditadas e repudiadas pelo povo francês. Contudo, a guerra pela independência da Argélia contra o domínio francês, iniciada em 1954, veio servir como catalisador em duas vertentes. Por um lado, aglutinou os sobreviventes dos movimentos ultranacionalistas de pendor mais ou menos fascista em torno de uma causa, e atraiu novos militantes para a esfera da extrema-direita. Quer os Pieds-noir[41], quer os soldados franceses que lutaram na Indochina e na Argélia, engrossaram as fileiras de organizações de veteranos, orquestradas habilmente para o apoio da extrema-direita. Jean-Marie Le Pen era um desses veteranos e quando o Front National foi formado em 1972, muitos veteranos integraram-no e apoiaram-no, bem como monárquicos e mesmo "órfãos" da França de Vichy.

---

[41] Franceses e outros europeus nascidos na Argélia, que se opunham à independência.

Por outro lado, a concessão da independência à Argélia, foi vista por muitos como mais uma derrota a somar a uma já longa lista[42], onde se incluía a guerra da Indochina, entre 1946 e 1954, ou o fim do populismo de Pierre Poujade em 1958. Aliás tinha sido pelo pujadismo que Jean-Marie Le Pen tinha começado a sua carreira política. Nem as tentativas de golpe de Estado, nem as tentativas de assassínio de DeGaulle tinham conseguido impedir o desastre argelino, segundo a óptica da extrema-direita e a OAS[43], organização armada, criada para defender a "Argélia francesa", que tinha entrado no conflito e promovido uma espiral de violência. Alguns dos seus membros estiveram envolvidos no golpe militar em Argel em 1961. O golpe fracassou porque muitos dos militares franceses na Argélia não aderiram ao golpe e em França, os golpistas apenas tinham o apoio dos pára-quedistas

A OAS terminou como seria de esperar, alguns condenados à morte, muitos a penas de prisão, mais ou menos longas, que algumas amnistias e perdões acabaram por reduzir. Muitos outros escaparam através da Espanha franquista para a Argentina de Perón, trabalhando para o governo argentino ou para organizações de extrema-direita no exílio.

Uma das figuras que apoiou a OAS, foi Dominique Venner, acabando por ser preso durante dezoito meses. Venner, com vinte e sete anos há data da sua libertação acabaria por ter influência no rumo dos acontecimentos em França. Antes de colaborar com a OAS, Venner já tinha dado o seu contributo a outros movimentos e grupos nacionalistas em França. Tendo sofrido um forte impacto com a derrota da França na Argélia, que se somava ao desaire na Incochina, e ao desgaste das ideias nacionalistas e fascistas em França, após 1945, Venner decidiu-se a renovar as ideias, as

---

[42] Mesmo a derrota francesa face às tropas nazis tinha sido considerada vergonhosa e não obstante a luta da Resistência, a libertação deu-se graças aos desembarques na Normandia por parte de britânicos, norte-americanos e canadianos.

[43] Organisation Armée Secrète.

tácticas e a estética da extrema-direita em França, influenciando uma figura que teria um papel ainda maior nessa transformação, Alain de Benoist. Em 1962 Venner lançou o opúsculo *Pour une critique positive*, inspirando-se até em Lenin, fazendo a análise do que falhara na extrema-direita francesa desde 1945, e lançando as bases para novas formas de organização e de luta.

Esta nova geração, que incluía muitos outros nomes além de Venner e Benoist (que trabalharam juntos para criar o movimento e revista *Europe-Action* em 1963), recusava o filistinismo e as técnicas musculadas dos nacionalistas dos anos 20, 30 e 40, procuravam construir uma sólida base cultural e ideológica agindo nos meios académicos e culturais, recuperando filósofos e pensadores associados à direita, ou que pudessem ser usados nessa nova ofensiva, mas também procurando encontrar brechas para difusão das suas ideias nos órgãos de imprensa e associações da direita parlamentar francesa, algo que conseguiram durante algum tempo, como se verá mais à frente.

Em 1968, foi fundado o GRECE, contando com Alain de Benoist, Dominique Venner, mas também com Pierre Vial, Giorgio Locchi, entre outros, num total de quarenta pessoas. O Maio de 1968 marcaria o GRECE, instigando os seus membros a acelerar os processos de guerra cultural. Venner deixaria o GRECE em 1971, para dedicar-se a uma carreira de historiador e escritor, retirando-se para residir na França rural. Isso deixava o caminho livre para Alain de Benoist se afirmar durante essa década como o líder incontestado e figura de referência do GRECE, embora houvesse algumas desistências importantes, como Pierre Vial e Guillaume Faye, nos anos vindouros. Em 1974, Yvan Blot e Jean-Yves Le Gallou fundaram o Club de L'Horloge, uma espécie de *think tank* para influenciar partidos da direita parlamentar, estimulando o entrismo nesses partidos. Uma parte do seu crescimento pode ser atribuído à sua associação com o GRECE. Em tempos mais recentes, Jean-Yves Le Gallou fundou o Institut Iliad.

Alain de Benoist, estabeleceu desde a fundação do GRECE várias iniciativas editoriais, que incluem os seus próprios livros, de outros membros do GRECE ou contemporâneos franceses e outras figuras históricas, não só francesas como estrangeiras. As publicações periódicas também foram uma forte aposta, começando com *Nouvelle École*, a publicação mais académica, a revista *Éléments*, que começou como boletim interno do GRECE, ou a revista *Krisis*, a mais recente e que foi criada com o objectivo de convidar autores de diversas áreas políticas a escrever. Benoist foi buscar um conjunto heterogéneo de influências, de Karl Marx e Antonio Gramsci a Julius Evola e Gustavo Le Bon, passando por Zygmunt Bauman, Martin Heidegger, Georges Dumèzil, Charles Taylor, Carl Schmitt, Ernst Jünger ou mesmo o nacional-bolchevique Ernst Niekisch. A toada dos periódicos e dos livros de Benoist, é anti-capitalista, na sequência das influências de Marx, anti-americana, na sequência da influência de tradicionalistas como Julius Evola, anti-globalização, e anti-cristã, por influência das obras de Nietzsche.

As filosofias de Michel Foucault, Jacques Derridas, Gilles Deleuze ou Herbert Marcuse armavam certos sectores da esquerda e o GRECE procurava dar-lhes resposta. Em 1978, Alain de Benoist torna-se conhecido do grande público francês com a sua obra *Vu de Droite – Anthologie critique des idées contemporaines*, que lhe valeu o prémio de ensaio da Academia Francesa. A obra conheceu várias traduções, incluindo para português, pela editora Afrodite, publicado em 1981, sob o título *Nova Direita, Nova Cultura*. Um dos tradutores da obra foi Diogo Pachedo de Amorim, dirigente do CHEGA. Mais recentemente as traduções da editora Arktos para inglês, levaram os livros de Benoist ao mundo anglo-saxónico e também a todos os anglófonos, aumentando em muito a possível audiência das suas ideias. Era todo um movimento que tomava forma, recebendo o nome de Nouvelle Droite, e que espalharia as suas ideias por todo o mundo ocidental. Não obstante, a percebida influência crescente de Benoist e de outros membros do GRECE na sociedade francesa, levou a que a imprensa liberal desse país, lançasse duas campanhas contra ele, em 1979 e 1993, o que fez com que a influência de Benoist fosse reduzida e ele se focasse mais na sua actividade intelectual do que em militância política[44].

O Identitarismo

O identitarismo em sentido estrito nasceu por influência de Pierre Vial e Guillaume Faye, sobre uma geração mais jovem. Ambos tinham pertencido ao GRECE, mas saído devido a desavenças causadas pelo rumo que Alain de Benoist queria dar ao GRECE, afastando-o de qualquer actividade ou filiação política, para dedicar a organização exclusivamente à guerra cultural ou metapolítica.

Vial chegou a filiar-se no Front National, saindo quando da cisão do grupo de Bruno Mégret, para fundar o MNR, partido que lentamente se foi esvaindo dos apoios que teve. Foi igualmente o fundador da organização Terre et Peuple, em 1994, organização identitária, que ainda hoje existe.

Faye saiu do GRECE em 1986 e durante cerca de dez anos dedicou-se apenas a actividades profissionais no âmbito do jornalismo, como locutor de rádio, apresentador de televisão. Em 1998 Faye regressa aos palcos políticos começando com uma obra que serviria de influência para uma nova geração, *Arqueofuturismo*. Seria através desta obra e da tradução inglesa da mesma pela editora Arktos, que as ideias de Faye chegariam ao outro lado do Atlântico, influenciando o nascimento da *alt-right*

---

44 Cf. Jean-Yves Camus, "Alain de Benoist and the New Right", in Mark Sedgwick, Ed., *Key Thinkers of the Radical Right-Behind the new threat to liberal democracy*, Oxford University Press, Oxford, 2019.

norte-americana, que participou no apoio a Trump. O interesse pelas obras de Faye tem crescido na última década, com a edição de alguns dos seus livros em inglês e a discussão das suas ideias na revista norte-americana *Telos*[45].

Além de Pierre Vial e de Guillaume Faye, o identitarismo iria buscar influências também a nomes contemporâneos como Alain de Benoist e Renaud Camus, mas também a muitas outras influências do passado. Era mais um aggiornamento nascido em França. Fabrice Robert e Phillipe Vardon estiveram na fundação do *Bloc Identitaire* (mais tarde rebaptizado *Les Identitaires*) em 2002 e tornaram-se nas figuras mais conhecidas do identitarismo, que em breve se espalharia pela Europa. Como ramificação do Bloc Identitaire, nasce a organização Nissa Rebela, focada na cidade de Nice e na região PACA[46], onde desenvolve intensa actividade política e participa nas eleições locais, conseguindo algum mediatismo. Acaba por deixar a organização em 2015, aderindo ao Front National, de Marine Le Pen, onde é mal recebido por alguns sectores, pelo seu passado no Bloc Identitaire e Nissa Rebela. É bem acolhido por Marion Maréchal-Le Pen, concorrendo na lista da mesma a eleições regionais na PACA, sendo eleito. A adesão ao Front National consegue-lhe novos palcos e um público mais vasto, evoluindo como quadro dentro do partido, sendo até um dos assessores do eurodeputado do Front National, Nicolas Bay, que é considerado uma das figuras importantes com influências identitárias.

A Génération Identitaire, organização de juventude de Les Identitaires, ganha projecção mediática com a realização de manifestações, vigílias e outros tipos de protestos, que conduzem vários dos seus membros aos tribunais e que culminam com a extinção da organização em 2021. Mas, esta organização já tinha

---

[45] Cf. Stéphane François, "Guillaume Faye and Archeofuturism", in Mark Sedgwick, Ed., *Key Thinkers of the Radical Right-Behind the new threat to liberal democracy*, Oxford University Press, Oxford, 2019.
[46] Provence, Alpes, Côte d'Azur.

sido replicada em muitos outros países além da França, sendo de destacar as ramificações na Alemanha, na Áustria e em Itália, com um nome local. Por outro lado, organizações semelhantes, com nomes diversos, surgiram nos EUA, no Canadá, na Austrália e na Nova Zelândia, dando ao movimento identitário um alcance reduzido em impacto, mas global.

O Neo-Eurasianismo

Além das fortes influências partidas da França na segunda metade do século XX e das mais longínquas referências das experiências fascistas da primeira metade desse século, as mais recentes influências sobre a constelação da extrema-direita são russas. Após a queda da URSS e um curto período pró-ocidental e pró-liberal por parte de Boris Ieltsin, a ascensão de Vladimir Putin veio permitir o desenvolvimento na Rússia de várias tendências de extrema-direita, entre as quais se encontra o neo-eurasianismo.

Filho de um militar de alto-escalão do GRU, os serviços secretos militares da URSS, e de uma médica, o russo Aleksandr Dugin é uma das figuras cimeiras da extrema-direita actual, tendo encontrado seguidores um pouco por todo o mundo. Autor de uma obra prolífera, Dugin beneficiou desde cedo da protecção dos seus pais bem colocados, para ter acesso a livros e círculos vedados a muitos dos cidadãos soviéticos e até viajar pela Europa Ocidental antes da queda da URSS. Entre o final dos anos 70 e o início dos 80, Dugin via-se a si mesmo como um dissidente anti-comunista, integrando o Círculo Yuzhinsky, um grupo com ligações ao ocultismo, no âmbito do qual ajudou a divulgar na URSS as ideias de Julius Evola e de René Guénon, enquanto concomitantemente estudava as ideias de Nietzsche, Heidegger, Mircea Eliade, Ernst Jünger e Carl Schmitt.

Na Rússia o seu maior impacto teve lugar nos anos 90, com

a publicação do livro *As Fundações da Geopolítica* e a sua entrada profissional na universidade de Moscovo. Apesar da sua intensa actividade na produção de artigos e de livros nas últimas décadas, tem perdido alguma influência. O seu alcance na Rússia actual é limitado, sobretudo junto de estudantes universitários e alguns grupos intelectuais e gozando da protecção do seu amigo Konstantin Malofeev, um empresário de sucesso, com aspirações políticas. Dugin não tem, portanto, acesso directo aos níveis mais altos da administração russa e muito menos ao presidente, mas move-se e tem ligações nos meandros da igreja ortodoxa, nalguns círculos militares e também empresariais e jornalísticos, ou seja, tem amigos bem colocados[47].

A maior divulgadora da obra de Dugin fora da Rússia tem sido a editora Arktos, conduzida por Daniel Friberg, já mencionada acima, e que também divulgou em inglês as obras dos franceses Alain de Benoist e Guillaume Faye, entre muitos outros autores da área, como Julius Evola. Até ao momento, a Arktos editou nove obras de Dugin em inglês, conseguindo-lhe uma maior audiência. E o interesse espalhou-se para muitos outros países ocidentais, como França, Espanha ou Itália, sendo realizadas traduções, conferências e grupos em torno das ideias de Dugin e dos seus livros.

Em Portugal também houve alguma divulgação do trabalho de Dugin, com a edição de duas obras, pelas editoras Antagonista e IAEGCA, que atraíram algum público interessado pela área da geopolítica e relações internacionais, mais do que pelos escritos políticos ou filosóficos de Dugin.

Já no Brasil, Dugin causou maior impacto e polémica, sobretudo graças ao debate entre Aleksandr Dugin e Olavo de Carvalho. Após o debate, acentuou-se a clivagem entre duginistas

---

[47] Ver Marlene Laruelle, "Alexander Dugin and Eurasianism", in Mark Sedgwick, Ed., *Key Thinkers of the Radical Right-Behind the new threat to liberal democracy*, Oxford University Press, Oxford, 2019.

e olavistas, ressaltando diferenças insanáveis. O debate foi publicado sob a forma de livro pela editora Vide, com o título: *Os EUA e a Nova Ordem Mundial, um debate entre Alexandre Dugin e Olavo de Carvalho*. A Editora Austral, entretanto, extinta, lançou várias obras de Dugin, incluindo a que é considerada a sua principal obra política, *A Quarta Teoria Política*, em 2012. Nela Dugin pretende ultrapassar as três teorias políticas emergentes após a Revolução Francesa, o liberalismo, o comunismo e o fascismo, desenvolvendo uma quarta teoria para fazer frente ao que ele chama de pós-liberalismo, a doutrina dominante do mundo pós-moderno surgido após o fim da Guerra Fria. Nela, Dugin não se cansa de fustigar os defensores da hegemonia do liberalismo a nível global, sobretudo figuras como Francis Fukuyama, que apregoaram o *Fim da História*.

A organização de eventos evolianos, as viagens de Dugin ao Brasil (bem como de uma figura russa menos conhecida internacionalmente, Leonid Savin) e o interesse despertado em torno da Quarta Teoria Política, causaram um impacto que se prolonga até aos dias de hoje, sobretudo através da organização política nacional-revolucionária Nova Resistência.

Os Encontros Nacionais Evolianos foram um ponto de encontro e de divulgação das ideias do tradicionalismo no Brasil, em concreto de Julius Evola, mas também das ideias neo-eurasianas, que entravam em força no país, seduzindo académicos, intelectuais, mas também organizações políticas.

O primeiro Encontro Nacional Evoliano realizou-se em João Pessoa na Paraíba, no nordeste do Brasil. Foi organizado por Dídimo Matos, com a participação de nomes como Rafael Daher e Mateus Soares de Azevedo. A partir do ano seguinte, 2011, o Encontro Nacional Evoliano começou a ter duas edições distintas, uma continuou a ser em João Pessoa, a outra em Curitiba, no sul do país. A de Curitiba, em 2011 contou com a presença de Mateus Azevedo e também do argentino Marcos Ghio.

Em 2012, Dugin fez um périplo pelo Brasil incluindo a

edição do Encontro Nacional Evoliano em Curitiba, onde também estiveram Marcos Ghio, argentino difusor do pensamento de Julius Evola, o presidente da Frente Integralista Brasileira, Victor Barbuy e o professor César Ranquetat Júnior, uma das figuras mais conhecidas ligadas ao tradicionalismo no Brasil e especialista em Julius Evola. Dugin passou também pela UERJ, USP e pela UFBP, demonstrando o interesse que os seus trabalhos suscitaram nalguns meios académicos brasileiros.

Em 2013 teve lugar a 1ª Conferência Ibero-Americana da Quarta Teoria Política, em Curitiba, com a presença de Alberto Buela, Leonid Savin, e de novo Victor Barbuy, entre outros. Este evento surgia no meio de alguns desentendimentos no seio dos apoiantes tradicionalistas e neo-eurasianos, havendo futuramente cisão entre eles e ditando a curta duração destes eventos anuais.

Em 2014, deu-se o último Encontro Nacional Evoliano, realizado na cidade de São Paulo, evento com bastante repercussão mediática, com a presença de Dugin e do francês Alain Soral, este último também ligado a sectores nacional-revolucionários, em França. De novo organizado por Dídimo Matos, contou também com nomes como André Martin e Mateus Soares de Azevedo.

A organização Nova Resistência surgiu em 2015 pela mão de Raphael Machado e tornou-se na principal defensora de Dugin e das suas ideias no Brasil. Integrada numa rede internacional, fundada pelo norte-americano James Porrazzo, a Nova Resistência insere-se numa lógica anti-capitalista e revolucionária. Esta organização tem levado a cabo acções junto de embaixadas estrangeiras, como a da Síria ou a da Coreia do Norte, num esforço para se colocar sob os holofotes mediáticos. Também tem sido levantado que a Nova Resistência está associada a movimentos separatistas do sul do Brasil, como a Frente Popular Austral ou a Resistência Sulista.

Várias fontes têm denunciado um possível entrismo da Nova Resistência em forças políticas como o Partido Democrático Trabalhista, PDT e noutros partidos políticos brasileiros, num movimento para eleger candidatos seus e conseguir influência política nas instituições do Brasil.

Este ano, *A Quarta Teoria Política* conheceu nova edição pela editora estreante Ars Regia, ligada à organização Nova Resistência e aos círculos duginistas no Brasil, testemunhando o interesse que Dugin continua a despertar no Brasil, pois a edição da Editora Austral estava há muito esgotada.

O Populismo

Cas Mudde e Cristóbal Kaltwasser no seu livro *Populismo – Uma brevíssima introdução*, consideram que um ponto importante do populismo actual é a oposição entre povo e elites, considerando-se os movimentos e partidos populistas como defensores da vontade geral, de uma *vox populi* das massas, silenciadas por grandes interesses das elites, que eles veem como cosmopolitas, apátridas, progressistas, desligadas da realidade e das preocupações do povo[48].

Ao contrário do que sucedeu no século passado, por detrás desta nova extrema-direita, na sua vertente populista em sentido estrito, não parecem estar movimentos culturais e filosóficos de envergadura, nem figuras de grande impacto cultural, embora se procurem sempre algumas referências do passado. Steve Bannon como guru de Trump e Olavo de Carvalho enquanto guru de Bolsonaro têm uma influência e um impacto limitados no

---

[48] Ver Cas Mudde e Cristóbal Kaltwasser, *Populismo – Uma brevíssima introdução*, Gradiva, Lisboa, 2017.

panorama cultural dos respectivos países, recebendo até, fruto das suas personalidades excêntricas e corrosivas, desprezo e críticas negativas fortes por parte dos seus pares. Tanto Bannon como Olavo de Carvalho tentaram contribuir com algumas bases filosóficas e culturais para os seus assessorados, mas aparentemente com pouco sucesso. O actual populismo assume com orgulho o seu filistinismo e o desprezo pelas elites, sejam elas políticas, económicas ou culturais.

Outro aspecto a destacar no panorama populista é a existência de uma figura providencial que surge como catalisadora e agregadora de pessoas de diversas origens e tendências, de diversos nichos políticos, que essa figura sabe estimular e aliciar com tácticas objectivas de marketing, sendo porta-voz das suas preocupações e reivindicações. Em Portugal isto parece ter ainda raízes no longínquo sebastianismo, e o aparecimento de uma figura carismática e aglutinadora é vista como algo messiânico ou providencial. Além do mais, os líderes populistas gostam de apresentar-se como salvadores, iluminados, porta-vozes de um grupo ou minoria silenciosa e silenciada, como a voz do povo contra os poderosos.

Bannon não esconde a sua admiração por Olavo de Carvalho e este recebeu no seu "exílio" na Virgínia, a visita de figuras importantes do novo regime brasileiro, tendo participado em eventos com o próprio Jair Bolsonaro. Além de ser influenciado por figuras clássicas do conservadorismo, como Edmund Burke, Martin Heidegger, Charles Maurras, Julius Evola e René Guénon, Bannon trouxe algo de muito mais importante. Tendo feito parte da sua carreira profissional no mundo do cinema e dos media, Bannon percebeu o potencial das redes sociais e da sua manipulação para obter apoios e chegar a muitas mais pessoas, numa escala muito maior do que tinha acontecido anteriormente, recorrendo a ferramentas analíticas de topo e a bots para dirigir e difundir as suas mensagens pró-Trump. Esse conhecimento, utilizado para a eleição de Trump foi mais tarde posto ao serviço da família Bolsonaro.

De uma forma diferente, Olavo de Carvalho também tem recorrido aos novos meios de comunicação, nomeadamente ao Facebook e ao Youtube para difundir as suas mensagens e agitar os seus seguidores, contando com mais de quinhentos mil no Facebook e mais de um milhão no Youtube, que depois reverberam, muitas das vezes com um fervor fanático as mensagens do seu guru, mensagens essas que muitas vezes não passam de diatribes intercaladas de calão.

O populismo actual é sobretudo focado no imediatismo e no calor do momento, utilizando os meios de comunicação modernos para reagir aos eventos rapidamente, sendo na sua essência muito instintivo e reacionário. Por outro lado, baseia-se em certos nichos religiosos do cristianismo, reagindo com virulência a temas como o aborto, os movimentos LGBT, a igualdade de género, a imigração e outras questões semelhantes.

O Brasil já tinha tido no século XX a sua quota de políticos populistas, começando nos anos 30 com Getúlio Vargas. Em tempos mais recentes, esse populismo foi representado pela pessoa do médico Enéas Carneiro, mais uma figura controversa e excêntrica, várias vezes candidato à Presidência do Brasil, candidato a Prefeito de São Paulo em 2000 e a Deputado Federal em 2002, sendo eleito nesta última com um considerável número de votos. Após a morte de Enéas Carneiro em 2007, Bolsonaro começou a guindar-se ao papel de representante de diversas tendências dentro da direita radical brasileira. Na realidade, estes três homens apresentam características bastante distintas. Getúlio Vargas,

Enéas Carneiro soube explorar o tempo que tinha em televisão, apresentando-se como intelectual e representante vindo das camadas mais pobres da população brasileira.

Bolsonaro não desdenhou mesmo os mais insignificantes apoios, fossem eles de intregralistas, de antigos apoiantes de Enéas Carneiro, ou membros de movimentos ainda mais residuais, confiante de que a sua mensagem poderia ser adaptada a diferentes nichos de eleitores.

Em França, também podemos identificar movimentos populistas em sentido estrito, como o LMR, antigo Chasse, Peche, Nature, Tradition, claramente ruralista, conservador, anti-globalização. Também alguns movimentos regionalistas como o movimento independentista bretão com o seu partido Adsav[49] ou o movimento independentista alsaciano com o partido Alsace d'Abord, podem ser inseridos como fazendo parte do movimento populista, com maior ou menor influência por parte dos teóricos da extrema-direita ou a Ligue du Sud, chefiada por Jacques Bompard, antigo membro do Front National e onde se incluem muitos outros ex-militantes desse partido e que actua na região da PACA, tendo conseguido alguns eleitos em diferentes eleições. Além de carácter regionalista, mas não independentista, a Ligue du Sud funciona também como plataforma eleitoral para elementos de outras forças e organizações políticas de extrema-direita ou populistas ou entra em coligações de forças desse jaez, sem alcançar um grande sucesso, visto que o Rassemblement National (ex-Front National) é de longe o partido de extrema-direita mais forte em França e congrega uma espécie de "voto útil" dos apoiantes dessas ideias. Na Ligue du Sud, destaca-se o personalismo da liderança de Bompard, cuja influência e algum mediatismo, são o motor por detrás do limitado sucesso do partido. Parte dessa influência e alcance devem-se ao seu cargo como presidente da câmara de Orange, que desempenha há longos anos.

Em Portugal, a fundação do CHEGA[50], com dissidentes do PSD, do CDS-PP, sobretudo, mas também de partidos mais pequenos, como o PNR, escassos elementos do antigo regime e

---

[49] Actualmente inactivo, mas não dissolvido.

[50] A propósito da fundação e desenvolvimento do CHEGA, Riccardo Marchi escreveu o livro *A Nova Direita anti-sistema – O caso do Chega*, Edições 70, Lisboa, 2020.

estreantes na política[51], veio criar um partido de viés populista, com tons de extrema-direita. Longe de ter uma base doutrinária sólida ou uma linha programática rígida, o crescimento do CHEGA ocorreu graças ao mediatismo de André Ventura, que já aparecia em espaços de imprensa quando pertencia ao PSD e começou a lançar mensagens e declarações chocantes para se fazer conhecido. Como em muitos outros movimentos populistas, a figura de um líder carismático, quase com plenos poderes, que tornam o partido dotado de um carácter perto do unipessoal ao nível da liderança, é característica do CHEGA[52]. Cas Mudde e Cristóbal Kaltwasser elencam algumas qualidades e características do líder populista: *"Os líderes são fundamentais na maioria dos projectos políticos e o populismo não constitui certamente excepção. Muitos estudiosos afirmam que, acima e para lá das suas diversas manifestações, uma característica definidora do populismo é a sua dependência de líderes fortes, capazes de mobilizar as massas e/ou conduzir os seus partidos com o objectivo de implementar reformas radicais."*[53]

O uso hábil dos novos meios de comunicação, nomeadamente redes sociais, grupos de conversação, aplicações de mensagens e a aposta em temas controversos e em reacções rápidas a acontecimentos quotidianos conduziram o CHEGA a eleger André Ventura como deputado em 2019. Foi a primeira vez desde o 25 de Abril, que uma organização daquele tipo conseguia representação parlamentar[54], à semelhança do VOX espanhol, que conseguira o mesmo pouco tempo antes.

Não há, portanto, uma linha ideológica marcadamente vincada, mas sim um partido político personalista cujas ideias

---

[51] Mais tarde também dissidentes do Aliança e do PPV/CDC que se fundiu a certa altura com o CHEGA.

[52] A par de Trump, Bolsonaro e outras figuras populistas.

[53] Cas Mudde e Cristóbal Kaltwasser, *Populismo – Uma brevíssima introdução*, Gradiva, Lisboa, 2017, p. 81.

[54] Depois de tentativas falhadas por parte de partidos como o PDC, ou o MIRN, já extintos ou o Ergue-te, (ex-PNR e ex-PRD), ainda existente.

estão intimamente ligadas com as ideias pessoais do seu líder. Também não se pode definir um perfil de militante típico, existem diversas tendências informais e vários são os motivos que levam as pessoas a apoiar ou a votar no CHEGA, dependem daquilo a que cada um dá mais importância a nível pessoal.

A evolução do partido dependerá de saber agradar e responder às expectativas das diversas componentes que o integram. Em tempo de crescimento eleitoral, essas diferenças esbatem-se, embora haja sempre lutas internas pelos lugares cimeiros, mas maus resultados podem levar a desavenças e fracturas. A polimorfia do CHEGA, se por um lado congrega e atrai mais apoios, por outro resulta, muita das vezes numa navegação à vista, sem objectivos e posições rigidamente definidos, o que pode vir a alienar parte da sua base de apoio.

Conclusão

Podemos afirmar em jeito de conclusão que: a extrema-direita não é uma unidade, mas um conjunto bastante heterógeno, que desde o aparecimento das ideias proto-fascistas em França, soube adaptar-se e tentar acompanhar até certo ponto a evolução das preocupações populares, adaptando e abordando temas actuais.

A aposta no combate cultural na França do pós-guerra, absorvendo as influências do gramscianismo, veio no sentido de contrariar a percebida hegemonia cultural da esquerda por parte de diversos sectores franceses, procurando influenciar os partidos e movimentos políticos pela formação de quadros políticos.

Por outro lado, houve um grande corte em termos de imagética e de cessação do culto a figuras históricas, como Mussolini, Hitler, Franco ou Salazar. Isso hoje reduz-se quase sempre a movimentos folclóricos de jovens fardados e cruzes suásticas e a saudosistas dos regimes dessas figuras, em números muito reduzidos. Os partidos populistas lutam pela criação das suas próprias figuras e mitos, não se livrando do seu cariz muitas das vezes personalista e do culto do chefe, herdado de movimentos do passado.

52

3 A Quarta Guerra Mundial

A Terceira Guerra Mundial (1947-1991) marcou o reforço da diversidade da guerra para além das operações militares. A economia, a política, a diplomacia, a informação e a contra-informação assumiram um papel de grande relevo, bem como as guerras por procuração, evitando o confronto directo entre as grandes potências embora esta guerra, dita "Guerra Fria" tenha estado várias vezes prestes a tornar-se demasiado quente como aconteceu durante o Bloqueio de Berlim ou a Crise dos mísseis em Cuba. Por detrás desta profunda alteração da guerra estava o advento das armas nucleares. No dia 6 de Agosto de 1945 tinha sido usada militarmente a primeira bomba atómica, sobre a cidade japonesa de Hiroshima. A URSS fez todos os possíveis para se dotar de armamento nuclear e a posse de armas nucleares por ambos os países tornou o custo de uma guerra entre as duas potências impensável.

No âmbito desta Terceira Guerra Mundial destacam-se a Guerra da Coreia, onde a intervenção da China levou a um empate e à manutenção do *status quo* na península coreana, a derrota dos EUA no Vietname às mãos das forças comunistas de Ho Chi Minh e a Guerra do Afeganistão, desastrosa para a URSS que não sobreviveria muito tempo ao seu desfecho. Foi como já se disse, uma guerra muito para além do simples domínio militar, com novas organizações de integração económica e política, como a CEE, o COMECON, a ASEAN, além de organizações focadas no aspecto militar como a NATO, o Pacto de Varsóvia, a SEATO, ou o ANZUS.

Em 1989 terminava a guerra no Afeganistão, começada em 1979 e que tivera altos custos económicos e militares para a URSS. Ao mesmo tempo o bloco da Europa de Leste começava a colapsar e no final desse ano o Muro de Berlim era deitado abaixo. O Pacto de Varsóvia caminhava a passos largos para o seu fim e a URSS seria dissolvida em Dezembro de 1991. Os EUA emergiam como vencedores incontestados do conflito e como potência hegemónica mundial. A História parecia ter chegado ao seu fim, com a vitória da democracia liberal e os EUA queriam ser doravante o *sheriff* do mundo para impôr a democracia a alguns países recalcitrantes. Ainda em 1990 os EUA tinham reunido um amplo consenso internacional para castigar o Iraque de Saddam Hussein, culpado de ter invadido o Koweit e a Guerra do Golfo, nos primeiros meses de 1991, demonstrou a superioridade militar total dos EUA, enquanto a URSS mergulhava no turbilhão dos seus meses finais. Nos anos seguintes os EUA interviriam na Somália, no Haiti e na Jugoslávia, desempenhando fielmente o seu papel de polícias, antes de começarem no século XXI as más decisões estratégicas e os revezes militares.

A emergência de uma miríade de actores transnacionais armados, de organizações que recorrem ao terrorismo a uma escala regional ou global e o aperfeiçoamento de tácticas de guerra assimétrica para contrariar o poderio militar das potências ocidentais marcam o início da Quarta Guerra Mundial em 2001. Ainda mais do que a Terceira Guerra Mundial, esta é uma guerra em que a economia, a diplomacia, a informação e a desinformação, a política e a religião, a par do crescimento da ciber-guerra marcam uma forte presença, mas os confrontos militares abertos também surgem. No dia 11 de Setembro de 2001, a organização Al-Qaeda levou a cabo uma aparatosa declaração de guerra aos EUA, desviando quatro aviões comerciais para realizar ataques terroristas contra alvos em solo norte-americano. Ao mesmo tempo a organização aproveitava o colapso da bolsa de Wall Street para obter importantes ganhos financeiros. Osama bin Laden, nascido na Arábia Saudita, filho de imigrantes iemenitas, tinha lutado no Afeganistão contra os soviéticos e foi com o aproximar do fim da guerra que tinha tido a ideia de criar uma organização que pudesse ajudar militarmente movimentos e ofensivas islâmicas fora do Afeganistão. Bin Laden regressou ao Afeganistão depois de uma passagem por países como o Sudão, onde encontrou bom acolhimento pelo movimento talibã e de onde coordenou os ataques do 11 de Setembro. Não era a primeira vez que coordenava ataques contra os EUA sendo de destacar o ataque ao navio USS Cole e os ataques às embaixadas dos EUA em Nairobi e em Dar-es-Salam, mas os do 11 de Setembro eram muito maiores. Bin Laden tinha ficado profundamente enraivecido contra o governo saudita quando este tinha permitido a presença maciça de tropas dos EUA no país, no âmbito da Guerra do Golfo, algo que ele viu como uma profanação do solo sagrado da Arábia Saudita, onde se situam duas das mais importantes cidades para o Islão, Meca e Medina.

Os ataques de 11 de Setembro despoletaram a Quarta Guerra Mundial. O presidente George W. Bush procurava a vingança que os seus cidadãos lhe exigiam e pediu ao governo talibã do Afeganistão a entrega de Osama bin Laden às autoridades dos EUA, bem como o desmantelamento dos campos de treino da Al-Qaeda no país, entre outras exigências. Os talibãs recusaram, por acharem que os EUA não tinham provas concludentes do envolvimento de bin Laden nos ataques. No princípio de 2002 Bush filho falava em Eixo do Mal, incluindo nele o Iraque, o Irão e a Coreia do Norte, mencionando também países como Cuba, a Líbia e a Síria.

Os ataques contra os talibãs e a Al-Qaeda no Afeganistão começaram em Outubro de 2001, utilizando mísseis de cruzeiro, ataques aéreos a partir de porta-aviões e bombardeiros pesados, bem como forças especiais terrestres dos EUA e da Grã-Bretanha em apoio a forças afegãs hostis aos talibã no Norte do país, a Aliança do Norte, formada sobretudo por membros de várias etnias minoritárias no país. O Norte do Afeganistão foi rapidamente libertado do domínio talibã e as forças estrangeiras e afegãs entraram em Cabul em Novembro de 2001. Mesmo as cidades do Sul do Afeganistão caíram face à ofensiva e os talibãs fugiram para as montanhas do Sul ou para o Paquistão, onde se tornou mais difícil encontrá-los e de onde começaram a desenvolver uma estratégia de insurgência. A intervenção inicial e o combate aos talibãs foram assegurados pela ISAF[55], força que teve 130 mil homens no seu pico, sobretudo da NATO, de países parceiros da NATO e de países terceiros. Depois da remoção dos talibãs do poder a ideia era desenvolver e ajudar o governo afegão, as forças armadas e as forças de segurança, passando de operações militares a operações policiais. Após 2014 a presença militar estrangeira foi fortemente reduzida, passando a ser assegurada pela RS[56], com muito menos efectivos do que a ISAF, nunca passando de um máximo de 16 mil soldados. O grosso da responsabilidade passou para o governo e as forças afegãs, mas como se viu com o rápido colapso destas, a sua operacionalidade e confiabilidade ficaram muito abaixo do esperado.

Em 2004, a guerra extravasaria para a província montanhosa paquistanesa do Waziristão, refúgio de membros dos talibãs, da Al-Qaeda e de outros grupos extremistas da região, sendo combatidos pelas forças armadas do Paquistão com o apoio de forças especiais dos EUA, da CIA e de drones armados. Os insurgentes contam com o apoio de forças tribais locais, e também

---

[55] International Security Assistance Force.
[56] Resolute Support Mission.

do Estado Islâmico da região. Esta e outras zonas montanhosas de fronteira, quer no Afeganistão, quer no Paquistão, foram o último refúgio dos talibãs em 2002 e o ponto de partida para as suas ofensivas futuras e contribuíram para uma forte quebra na economia paquistanesa, da ordem de milhares de milhões de dólares.

Após vinte anos de uma presença militar desgastante em termos humanos e financeiros os EUA decidiram-se a retirar do Afeganistão, fazendo o país reverter à situação pré-2001. Cenas que fazem lembrar a queda de Saigão em 1973 (hoje Cidade de Ho Chi Minh), surgiram nas televisões, nas redes sociais e nas primeiras páginas dos jornais. Foi sem dúvida uma derrota para os EUA, que ao longo das últimas duas décadas acumularam vitórias tácticas e derrotas estratégicas. A derrota do regime de Saddam Hussein no Iraque tirou o poder à minoria sunita e contribuiu para balcanizar o país, dividido entre xiitas, sunitas e curdos, que controlam o Norte do Iraque, uma região *de facto* independente. Despojados do poder do qual tinham desfrutado durante décadas, muitos sunitas ligados ao deposto regime de Saddam e às suas forças armadas reforçaram o poderio da Al-Qaeda e ajudaram ao crescimento territorial do Estado Islâmico, reforçando a sua capacidade militar convencional. Um barril de pólvora que colocou boa parte do Iraque e da Síria sob controlo do Estado Islâmico. Neste país, o deflagrar de uma guerra civil tornou-o palco de uma complexa guerra por procuração, entre xiitas e sunitas, entre turcos e curdos, entre o regime e a oposição, seja ela pró-democrática ou salafista e entre os EUA e seus aliados e a Rússia. Só a intervenção militar russa salvou o regime de Bashar al-Assad da derrota, com o apoio material e humano do Irão, do Hezbollah libanês e de voluntários xiitas de outros países, como o Iraque. A Rússia estabeleceu na cidade portuária síria de Tartus uma base naval para reabastecimento e reparações que lhe facilitará as suas operações no Mediterrâneo, num crescendo do seu poderio e da sua intervenção no estrangeiro, depois dos anos de recuperação do colapso do bloco soviético.

A Rússia, que procurava reorganizar a sua economia e as suas forças militares após o colapso da URSS, tinha-se envolvido nalguns conflitos no Cáucaso no início dos anos 90 e também na guerra civil tadjique, antes de sofrer uma derrota contra os separatistas tchetchenos na Primeira Guerra da Tchetchénia, o que afectou o prestígio dos militares russos e do presidente Boris Yeltsin. A vitória da Rússia na Segunda Guerra da Tchetchénia trouxe prestígio ao novo presidente, Vladimir Putin, que esmagava a República Tchetchena da Ichkeria e os seus aliados, o Emirado do Cáucaso, organização jihadista associada à Al-Qaeda e aos Talibã, que mais tarde combateria na Síria, os Voluntários Mujahidin Árabes e os Lobos Cinzentos, organização paramilitar turca de extrema-direita. À derrota tchetchena nesta guerra, seguiu-se uma longa insurreição no Norte do Cáucaso, que durou entre 2009 e 2017, liderada pelo Emirado do Cáucaso, que queria unir as diversas repúblicas da região num emirado islâmico e que contava com o apoio da filial do Cáucaso do Estado Islâmico.

A guerra russo-georgiana de 2008, que levou ao emergir da República da Ossétia do Sul e da República da Abecásia, com reduzido reconhecimento internacional, e a posterior intervenção no Leste da Ucrânia e na Península da Crimeia, da qual resultaram a anexação da Crimeia à Rússia e o surgimento no Leste da Ucrânia da República Popular de Donetsk e da República Popular de Lugansk, não reconhecidas internacionalmente, demonstraram o empenho da Rússia em voltar a ser e agir como uma grande potência, delimitando linhas vermelhas e agindo militarmente para proteger os seus interesses.

No Iraque, a mudança no equilíbrio de poder, a favor da maioria xiita, conduziu o país a mudar-se para a esfera de influência do Irão, aumentando a força dos partidos políticos e das milícias pró-iranianas. É no Iraque que se situam alguns dos mais importantes santuários e lugares de peregrinação do xiismo e o Líder Supremo do Irão é o máximo representante da corrente maioritária do xiismo. Derrubando o regime sunita de Saddam Hussein, os EUA entregaram o Iraque à esfera de influência de Teerão, seu inimigo estratégico no Médio Oriente, mergulhando o país numa feroz guerra civil entre 2013 e 2017, na sequência da retirada dos americanos e de outras forças estrangeiras, contra a expansão crescente do Estado Islâmico. Forças sunitas também participaram nesta guerra civil, como os remanescentes do partido Baath, e o Exército Livre do Iraque, após a violenta invasão americana de 2003, cujo conflito se arrastou até 2011, opondo os EUA e seus aliados primeiro às forças militares controladas por Saddam Hussein e depois de ocupado o Iraque, as forças da coligação, do novo governo iraquiano e dos curdos aos rebeldes sunitas, à Al-Qaeda, ao Estado Islâmico e ao Exército Mahdi, xiita. No âmbito da guerra civil iraquiana, o Estado Islâmico obteve enormes ganhos territoriais, no Oeste, no centro e no Norte do Iraque, preparando-se mesmo para marchar sobre Bagdade. Isto fez com que os EUA decidissem voltar a destacar meios aéreos para o Iraque e pequenas unidades terrestres de forças especiais a partir de 2014, formando uma coligação para combater o Estado Islâmico no Iraque e na Síria, ajudando as forças terrestres do governo iraquiano, e do Curdistão, com apoio do Irão e de outros grupos mais pequenos, por exemplo na reconquista de Mossul ao Estado Islâmico. Dada a vitória sobre o Estado Islâmico está previsto o fim das operações militares no final de 2021.

Nem a Rússia nem a China têm interesse na presença dos EUA na Ásia Central, sua área natural de influência enquanto potências terrestres, mas também não desejam que o Afeganistão se transforme num foco de difusão do extremismo islâmico, e muito menos envolverem-se militarmente nas questões políticas e militares desse país. A Rússia tem os olhos postos nas oportunidades económicas que o Afeganistão pode apresentar e a China, se por um lado não deseja que o Afeganistão se transforme em base para os separatistas uigures muçulmanos, interessa-se pelos vastos recursos do subsolo afegão e das possibilidades que podem surgir da integração do Afeganistão na Nova Rota da Seda. O Afeganistão possui importantes reservas de petróleo, gás natural, ferro, cobre, chumbo, zinco e pedras preciosas e semi-preciosas como esmeraldas, rubis, lápis-lazúli e granadas. A Ásia Central é um tabuleiro de xadrez do qual a Rússia e a China querem ver os EUA desaparecer, desejam os recursos energéticos dessa região, na qual apostam fortemente.

As operações no Iraque e no Afeganistão (não esquecendo outras intervenções como na Líbia), países que se situam longe dos EUA, têm implicado não só um custo em mortos e feridos, muitos destes mutilados devido a minas e armadilhas, mas enormes operações de logística, com um custo total na casa dos biliões de dólares. Além dos EUA, o Canadá e o Reino Unido têm sido os com maiores contingentes e maior empenho nesses cenários. Os países da União Europeia não têm nem a vontade, nem as forças militares necessárias, nem o dinheiro para custear essas operações, sendo a sua participação muitas vezes simbólica. É por isso estranho que a opinião pública europeia acorde agora para o conflito afegão, incitada pela comunicação social, quando nos últimos vinte anos, os talibãs nunca desapareceram por completo e tiveram sempre sob o seu controlo mulheres e raparigas sujeitas às condições que agora mais uma vez procuram implantar em todo o Afeganistão. E ainda maior se torna o exercício de impostura e de hipocrisia se pensarmos nas mulheres que circulam de burca nas cidades europeias, na mutilação genital feminina e nos casamentos combinados, mulheres que sofrem na Europa condições semelhantes às do Afeganistão, estando sujeitas à sharia e não às leis dos países europeus. Lembremos que os EUA alimentaram os mujahidins afegãos nos anos 80, quando estes lutavam contra a inimiga comum, a URSS, fornecendo armamento e apoio directamente ou através de amigos comuns como o Paquistão, a Arábia Saudita ou o Egipto. Outros países ocidentais como a Grã-Bretanha e a RFA também apoiaram a luta dos mujahidins. A quantidade de material militar que os EUA deixam para trás serve para alimentar a instabilidade e guerras locais futuras ou para ser vendido ou cedido a outros grupos militares extremistas, alimentando o ciclo de violência e a expansão do Islão radical. Seja como for, a Quarta Guerra Mundial está longe de terminar, e destaca-se por ser muito mais volátil do que a anterior, com a confirmação do ciberespaço como frente de batalha, e a participação de inúmeras organizações não-estatais, criando uma frente cada vez mais ampla que se opõe ao modelo político, económico e social exportado pelos EUA e pelos seus aliados europeus. A China, a Rússia e o Irão podem ser apontados como os vértices principais dessa frente, com outros países e organizações como secundários ou ocasionais, onde se incluem a Síria, a Bielorrússia, a Venezuela, a Coreia do Norte, o Iraque ou o Afeganistão, que no fundo vêm colocar em causa o sistema de valores ocidental nascido da Revolução Francesa.

4 O Tratado de Versalhes e a Alemanha do pós-guerra.

Introdução

O Tratado de Paz de Versalhes, assinado em 28 de Junho de 1919, entre a Alemanha e as potências da Entente, foi um dos tratados que colocou um ponto final na Primeira Guerra Mundial. Esta guerra tinha causado profundas transformações sociais e económicas na Europa, bem como uma mudança na hierarquia das potências mundiais.

Em 1914, o sistema de alianças tinha sido activado com a morte do Arquiduque Francisco Fernando em Sarajevo e o desejo do Império Austro-Húngaro em punir os mentores sérvios do assassínio do Arquiduque. O ataque austro-húngaro à Sérvia desencadeou a resposta russa e em breve as potências de ambos os sistemas de alianças, a Tríplice Aliança e a Triple Entente, estavam envolvidas no maior conflito militar até então. A Itália, que tinha acordo com as Potências Centrais, clamou que tinha entrado num tratado defensivo e não ofensivo e como foram os países da Tríplice Aliança a iniciar o conflito recusou-se a declarar guerra à Rússia, à Inglaterra e à França. Mas, não se manteve neutra, acabando por declarar guerra ao Império Austro-Húngaro, com o qual tinha várias disputas territoriais e mais tarde ao Império Alemão. A Alemanha, que não tinha sido a primeira das potências europeias a iniciar a industrialização, tinha tido um forte crescimento após a sua unificação. Em sectores como a siderurgia, a indústria química e a indústria farmacêutica, a Alemanha tinha um extraordinário desempenho embora dependesse da importação de muitas matérias-primas como minério de ferro, petróleo ou borracha. Esta dependência, bem como a dependência da importação de uma boa percentagem dos alimentos consumidos, veio a demonstrar-se um enorme "calcanhar de Aquiles" do Império Alemão.

As potências da Tríplice Aliança, não obstante a vitória sobre a Rússia em 1917, viram-se numa situação cada vez mais desvantajosa, devido ao bloqueio económico crescente por parte das marinhas inimigas, sobretudo da *Royal Navy*, não só no Atlântico, mas também no Mediterrâneo. A escassez de mão-de-obra, recrutada para as frentes, bem como de animais de tracção e carga que foram usados para o sector logístico das forças terrestres, fizeram reduzir as produções agrícolas. Estas quebras na produção implicaram subida dos preços, açambarcamento por parte de quem tinha meios para comprar alimentos por atacado, e eventualmente a que os governos colocassem travão nos preços, levando a racionamentos e intervenção crescente no sector alimentar. Não obstante, a fome e a má nutrição avançaram na Rússia, no Império Otomano, na Áustria-Hungria e no Império Alemão. Na Alemanha, severamente afectada pelo bloqueio naval, começaram a ser pensados alimentos baseados em sucedâneos, geralmente de menor valor nutritivo, como o *Kriegsbrot*[57], fabricado a partir de batatas, aveia, centeio e até por vezes palha e serradura em certa proporção. Graças à campanha submarina da Alemanha, para atacar as frotas mercantes dos países inimigos, nomeadamente da

---

[57] Literalmente, pão-de-guerra.

França e da Inglaterra, estes países vieram a introduzir formas de racionamento, pois o objectivo da Alemanha era mesmo esse, levar a fome que se sentia no seu interior, aos seus inimigos.

A Alemanha, mergulhada em crise económica e social viu-se forçada a assinar o armistício de 11 de Novembro de 1918, numa carruagem no bosque de Compiègne. Este armistício foi prolongado por três vezes até o Tratado de Versalhes entrar em vigor em 10 de Janeiro de 1920.

A situação no decorrer do conflito

Muito embora as autoridades alemãs, seguissem os ensinamentos de Bismarck e de Clausewitz, ao bom estilo prussiano, preparando as forças armadas para a guerra, a duração desta ultrapassou muito o que fora planeado, sobretudo porque o conflito descambou para uma guerra de trincheiras na frente Ocidental. As autoridades alemãs não tinham preparado a economia para um conflito desta dimensão e a população civil foi a que mais sofreu, com a introdução de racionamento alimentar e a escassez generalizada de bens alimentares. Esta situação fez com que a população civil se revoltasse contra a guerra, que mergulhava a Alemanha na penúria. A má nutrição teve fortes impactos sobre o desenvolvimento das crianças alemãs e muitos milhares de alemães sucumbiram de inanição neste período.

A Alemanha contava já com uma forte urbanização e industrialização, o que fazia com que a população activa na agricultura diminuísse e o país tivesse de importar uma parte dos seus alimentos, mas também adubos para a agricultura e rações para o gado. O bloqueio naval sofrido pela Alemanha, bem como a mobilização de milhões de homens teve um impacto muito significativo na economia, sobretudo na produção agrícola, que dependia de mão-de-obra intensiva.

O abandono do padrão-ouro, logo em 1914, fez com que o marco se desvalorizasse e que a inflação começasse a subir, também devido à escassez crescente de bens alimentares e ao açambarcamento. A desvalorização do chamado Marco-papel, começou a ter um forte impacto na economia alemã e em tempo de guerra mesmo as moedas começaram a ser cunhadas em metais mais baratos, como alumínio, zinco ou ferro. Na Alemanha, a guerra não foi financiada com o aumento de impostos, nem com a criação de novos impostos, mas sim, com o recurso a empréstimos, uma opção que colocou uma pressão ainda maior sobre o governo imperial.

A conflito teve um impacto profundo sobre a produção alimentar, na Alemanha, mas também em Inglaterra. Mas enquanto a Inglaterra introduziu o racionamento e aumentou as suas importações alimentares de países como os EUA, que tinham trânsito quase livre no Atlântico, a Alemanha viu-se numa situação cada vez mais desesperada. O bloqueio naval aliado, que foi bastante eficaz, se numa primeira fase bloqueava, como é óbvio, material bélico e matérias-primas necessárias à produção desse mesmo material, começou a bloquear cada vez mais produtos, incluindo géneros alimentares, que passaram a ser vistos como contrabando de guerra. A marinha alemã não tinha capacidade para romper o bloqueio da *Royal Navy* inglesa que durou de 1914 a 1919 e foi dos factores mais importantes para a derrota alemã, ao travar o comércio externo alemão e impedir a importação de alimentos. Mesmo depois da assinatura do armistício o bloqueio continuou e causou muitas vítimas.

Durante a guerra, o racionamento e a fome causaram não só muitas mortes, mas também muita tensão social. As populações das cidades foram as que sofreram mais e quem tinha parentes no campo procurava obter junto deles géneros alimentares, muitas vezes através de processos de troca directa. Muitos dos que não tinham, efectuavam expedições ao campo para se apropriarem dos mantimentos que conseguissem comprar ou roubar aos camponeses. Se ao princípio faltavam certos produtos mais luxuosos como café, chocolate ou açúcar, as carências estenderam-se a produtos básicos, como batatas, leite, cereais, ovos e carne de porco, esta muito consumida na Alemanha. Ao bloqueio naval juntavam-se maus anos agrícolas, que afectavam a produção de produtos como as batatas e levaram a população a alimentar-se em larga escala, de nabos. Estas carências levavam não só a um enfraquecimento da população, com doenças como a tuberculose, o escorbuto e a disenteria a espalharem-se pela Alemanha, mas conduziram também a protestos e revoltas cada vez mais frequentes contra o governo alemão. Este tentou resolver parte da crise alimentar recorrendo a produtos de substituição, como fossem o uso de novos ingredientes no fabrico do pão, a criação de sucedâneos do café, do chá ou do chocolate e a nível industrial a produção de borracha e de combustíveis sintécticos.

Já em 1916 havia muitas cartas e manifestações de mulheres a favor da paz. Enquanto mães e mulheres de soldados viam as dificuldades crescentes em que viviam as crianças alemãs e o aumento significativo das baixas na frente. Os trabalhadores da indústria pesada recebiam rações extra e foram tomadas medidas para proporcionar melhores rações às grávidas e crianças pequenas. Contudo, não importava o número de cartões e senhas de racionamento que as mulheres possuíam, pois fosse como fosse a maior parte dos artigos que era suposto receberem não existia, ou então existia em quantidades inferiores às que era previsto. Os próprios nabos, dantes usados como ração para o gado, começaram a ser racionados e no Verão de 1917 os alemães ingeriam em média 1000 calorias por dia, bastante abaixo do valor anterior à guerra. Esse valor já era um pouco mais alto no Verão seguinte, devido a uma colheita mais generosa. Quem tinha dinheiro passou a guerra relativamente bem, já que muita comida circulava no mercado negro. Diversos industriais compravam comida no mercado negro para manter os seus operários bem alimentados e como tal, a trabalhar eficientemente. Muitas cantinas com sopas para os pobres foram abertas para tentar aliviar a fome nas cidades, mas os resultados nem sempre foram os desejados.

O Programa Hindenburg que arrancou em Agosto de 1916 tentava resolver as carências industriais alemãs, implantando uma economia de guerra, recorrendo muitas vezes a trabalho forçado ou semi-forçado e ao desvio de mão-de-obra de indústrias consideradas não essenciais para o esforço de guerra. O objectivo, face à realidade da guerra na frente Ocidental, era aumentar em muito a produção de armas, munições e explosivos. Esforços significativos não foram dirigidos para a agricultura, acreditando-se que a obtenção rápida de uma situação de paz remediaria os restantes problemas que a Alemanha vivia.

Na frente Oriental, graças ao impacto das revoluções comunistas na Rússia, a Alemanha conseguiu a assinatura de um acordo de paz entre o novo governo russo e as Potências Centrais, o Tratado de Brest-Litovsk, no que é hoje a Bielorrússia, tratado este que foi anulado pelo armistício de 11 de Novembro de 1918, pelo qual a Alemanha cessava as hostilidades com as potências da Entente. Pelo Tratado de Brest-Litovsk, reorganizava-se o mapa do Leste europeu e do Cáucaso, tendo a Rússia cedido consideráveis territórios. A Rússia via-se também forçada ao pagamento de pesadas reparações de guerra. O próprio Lenine, que foi transportado da Suíça para a Rússia pelas autoridades alemães, juntamente com alguns dos seus correligionários para ajudar a desestabilizar o Império Russo, considerou a paz assinada "vergonhosa".

Antes do armistício de Compiègne, já as potências aliadas da Alemanha, o Império Austro-Húngaro, o Império Otomano e a Bulgária tinham assinado armistícios com os inimigos. O armistício alemão com as potências da Entente, ao contrário do que seria de esperar, após vários anos de guerra sangrenta, não foi bem recebido por muitos soldados e até altas patentes militares, como o general Ludendorff, entre outros. Nascia a ideia da "Facada nas

Costas", que a derrota alemã teria ficado a dever-se à traição dos civis, nomeadamente dos políticos democráticos que tinham derrubado o regime imperial, mas também de comunistas alegadamente a soldo de Moscovo e à comunidade judaica, que teriam orquestrado greves e sabotagem para prejudicarem a economia de guerra, nomeadamente a produção de material bélico. Esta crença ficou de tal maneira enraizada em largas fatias da população alemã que marcaria a sociedade alemã nos anos seguintes, com grande instabilidade social e crise económica.

A queda da Alemanha Imperial, Versalhes e a crise económica

A degradação das condições económicas e sociais na Alemanha veio precipitar a queda da monarquia alemã, com a abdicação e o exílio do Kaiser e a implantação da República de Weimar. Inspirada também pela Revolução Russa, uma revolta eclodiu na Alemanha em finais de Outubro e em Novembro de 1918. A revolta iniciou-se em Kiel, a partir de marinheiros insatisfeitos e espalhou-se em pouco tempo por toda a Alemanha. A situação militar alemã era desesperada e o próprio Kaiser e as altas patentes alemãs percebiam que urgia conseguir a paz o mais rapidamente possível depois do fracasso das ofensivas alemãs na Primavera de 1918.

A revolta rapidamente chegou a Berlim e ameaçava tornar-se numa guerra civil em larga escala, a última coisa de que a Alemanha precisava naquele momento. Os insurgentes dividiam-se entre a linha bolchevique seguindo o exemplo de Lenine, influenciados, portanto pela via marxista-leninista e os republicanos mais moderados, de linhal social-democrata. A confusão era de tal ordem que houve até duas proclamações da República em Berlim. As posições haveriam de extremar-se por volta do Natal, e em Janeiro de 1919, já depois da formação do Partido Comunista Alemão estalava a revolta Espartaquista em Berlim, que haveria de ser esmagada pelas forças governamentais e mortos os seus líderes.

Em finais de 1918, muitos dos veteranos de guerra, desmobilizados e regressados a casa confrontaram-se com situações dramáticas, a somar-se à hostilidade de parte da população. A falta de casas e de trabalho fazia-se sentir e neste caldo de instabilidade e ressentimento que afectava a nascente República de Weimar, muitos veteranos começaram a organizar-se formando os *Freikorps*[58], grupos para-militares, quer devido à necessidade de sentimentos de pertença, quer devido a desejos de revanchismo, contra os percepcionados traidores da Alemanha. Este sentimento persistente entre os veteranos (que encontraria similaridades com o que aconteceu aos veteranos italianos) contribuiu sem dúvida para preparar o caminho para as autocracias dos anos 30. Os *Freikorps* foram usados pela República de Weimar e também por interesses particulares, quase ao estilo de senhores da guerra, para atacar movimentos grevistas, estruturas e movimentos comunistas por toda a Alemanha, insurreições comunistas como a revolta Espartaquista ou a República Soviética da Baviera, mas também causar instabilidade e represálias nos territórios que a Alemanha tinha tido de ceder em virtude do Tratado de Versalhes, sobretudo no Leste da Europa.

O Tratado de Versalhes constituiu uma pesada carga para a Alemanha sob a forma de um conjunto de artigos que consagravam cedências territoriais, limitações industriais e militares e reparações de guerra. A França, que foi a potência da Entente que mais sofreu com a guerra, tinha interesse em manter a Alemanha numa

---

[58] Muitos dos membros dos *Freikorps* apoiariam no futuro o NSDAP de Hitler, integrando as suas formações paramilitares.

situação de subjugação, que a impedisse de voltar a invadir a França. Por outro lado, as pesadas reparações de guerra a pagar aos vencedores, colocavam um importante entrave à indústria alemã e à economia alemã no seu todo. A Alemanha encontrava-se, no final do conflito, numa situação de falência, de facto.

A queda do Império e a abolição da monarquia trouxe profundas clivagens sociais e o clima de instabilidade ajudou a afectar ainda mais a economia, com frequentes greves, piquetes e violência a eclodirem nas fábricas alemãs, numa espiral de violência.

Numa época em que as potências europeias contavam com as suas colónias em África e na Ásia como fonte importante de matérias-primas e como mercados para o escoamento dos seus produtos industriais, a Alemanha via-se privada dos seus territórios coloniais que tinham sido de extensão considerável. Em África, o Sudoeste Africano alemão, de onde tinham partido incursões contra o Sul de Angola foi entregue à administração da África do Sul. A África Ocidental Alemã, termo genérico para designar as colónias alemãs na África Ocidental excepto o que é hoje a Namíbia e que englobava territórios de muitos Estados actuais africanos foi dividida entre o Reino Unido, a França e a Bélgica. A África Oriental Alemã, que englobava territórios vastos na zona dos Grandes Lagos, onde hoje se encontram a Tanzânia, o Ruanda e o Burundi, foi dividida entre o Reino Unido, a Bélgica e Portugal, sendo que este último recebeu uma pequena parcela territorial como compensação pela sua participação na guerra, que hoje integra o território moçambicano. O Império Alemão perdia assim em África para as potências rivais territórios várias vezes superiores aos seus territórios europeus onde esperava poder vir a desenvolver grandes plantações de produtos como a borracha, o café e o cacau.

Na China o Império Alemão tinha tido a concessão de alguns portos por parte desse país, mas com o desencadear da guerra mundial, o Japão, inimigo da Alemanha, ocupou as concessões como base para a sua marinha, mas também como pontos para a expansão futura no continente asiático.

Na Oceânia, as colónias alemãs abrangiam uma série de arquipélagos usados principalmente como base logística para a marinha imperial, administrados sob o nome de Nova Guiné Alemã, da qual a parte mais importante era o território controlado pelos alemães na Papua Nova Guiné, onde se procurava prosseguir uma economia de plantação à custa dos trabalhadores nativos, investindo sobretudo na plantação de borracha. Com o Tratado de Versalhes, a parte da Papua Nova Guiné bem como outras ilhas mais pequenas passou para a administração australiana. Contudo, vários arquipélagos sob administração alemã passaram para o controlo do Japão, que décadas mais tarde os usaria como base para a sua expansão armada no Pacífico.

Esta perda das colónias alemãs, levaria ao desenvolvimento da teoria do "Espaço Vital", esboçada ainda no século XIX por Ratzel. Para desenvolver a sua economia, a Alemanha necessitava não só de restaurar as suas fronteiras de 1914, mas também de conseguir vastos territórios no Leste europeu.

No território europeu e limítrofe os aliados da Alemanha, nomeadamente o Império Austro-Húngaro e o Império Otomano tinham sucumbido, enquanto que a Itália mudara de campo rapidamente, não só não apoiando a Tríplice Aliança, mas declarando guerra ao Império Austro-Húngaro em 1915 e ao Império Alemão em 1916. Afectados pela fome e pelo caos económico, os aliados da Alemanha sucumbiram um a um e pagaram com o seu desmembramento imediato, ou nos anos subsequentes ao fim das hostilidades. A Bulgária, pelo Tratado de Neuilly de 1919, teve de fazer cedências territoriais dada a sua condição de vencida. A sua costa no Egeu foi entregue à Grécia, teve de devolver terras que tinha ocupado à Roménia e ao Reino da Sérvia, limitar fortemente o seu exército e comprometer-se a pagar reparações no valor de cem milhões de libras esterlinas.

O Império Otomano, que tinha conseguido vitórias

importantes nos dois primeiros anos da guerra sofreu com a revolta árabe a partir de 1916 e com a propagação da fome generalizada. Em 30 de Outubro de 1918 cessaram as hostilidades entre o Império Otomano e as potências aliadas. O Tratado de Sèvres foi assinado a 10 de Agosto de 1920. O Tratado era pesado para o vencido e entre outras coisas, previa a partição da grande maioria do Império, ficando essas zonas sob a influência britânica, francesa, grega e italiana. Em resultado desta partição e da resistência e luta armada dos turcos foi estabelecido o Estado turco com fronteiras muito similares às actuais, uma vez que os turcos saíram vencedores claros da guerra greco-turca de 1919-1922 e conseguiram que as pretensões dos vencedores da Primeira Guerra Mundial em relação à Anatólia não se concretizassem. Por outro lado, vastas zonas, que incluíam o que são hoje territórios da Síria, do Líbano, da Palestina, do Iraque, da Jordânia, foram transformados *de facto* em territórios sob o controlo do Reino Unido e da França, enquanto movimentos independentistas árabes procuravam construir os seus próprios Estados, dando origem a países como a Arábia Saudita, o Iémen e aos chamados Estados do Golfo, estes últimos na verdade protectorados britânicos.

Quanto ao Império Austro-Húngaro, foi igualmente muito afectado pela crise económica e pela fome e pelo descontentamento generalizado nas suas duas capitais, Viena e Budapeste, alimentado também por movimentos nacionalistas. Com a escassez alimentar e de equipamento bélico foi difícil manter o moral de um exército multi-étnico, sobretudo porque muitas nacionalidades incluídas no Império desejavam obter a independência e construir os seus Estados. As autoridades do Império também acreditavam que a guerra seria curta e a sua economia não estava preparada para um conflito prolongado. Esperavam um conflito de duração limitada contra a Sérvia e tiveram de lidar com um conflito de escala mundial, enfrentando na Europa de Leste não só os sérvios, mas também o enorme exército imperial russo, os gregos, os romenos, os franceses e ingleses e no Sul a Itália. A inflação aumentou consideravelmente e a produção alimentar caiu bastante, pois milhões de homens que trabalhavam na agricultura estavam agora no exército. Este confiscava para si os alimentos que encontrava nas áreas que ia conquistando, deixando a população civil numa situação cada vez mais grave. O Império Austro-Húngaro, nem tinha uma indústria capaz de assegurar as enormes necessidades de munições e recebia ajuda do Império Alemão, contudo insuficiente. Pode dizer-se que as potências da Entente conseguiram uma grande vitória com o bloqueio comercial às potências da Tríplice Aliança. Estas não tinham de modo algum uma economia autárquica, e dependiam de importações em vários sectores, incluindo o sector alimentar.

O único momento que veio aliviar o combate em duas frentes foi a rendição da Rússia, que permitiu ao Império Alemão e ao Império Austro-Húngaro desviar muitas tropas para outras frentes, mantendo o nível sangrento do conflito. O Império Austro-Húngaro colapsou a 31 de Outubro de 1918, quando as divisões e desintegração internas já eram inevitáveis e depois de ter sofrido uma sangria de vidas. O Império Austro-Húngaro parece ter sido o país que pagou mais cara a guerra, a guerra mundial que iniciou em 1914, não só em perda de territórios, mas também de população e de recursos, tendo a mais alta percentagem de baixas militares entre as Potências Centrais. O Império foi dissolvido e a maior parte do seu território tornou-se independente e integrou diversos Estados. A Áustria passou a ser uma potência de segunda linha no cenário europeu, tendo perdido o acesso ao mar e a maior parte do seu território. Partes importantes foram atribuídas a Itália pelo Tratado de Saint-Germain. A Checoslováquia foi formada com terras austríacas e húngaras, outras terras seriam anexadas à Polónia, fariam parte do território de uma Polónia renascida ou acabariam por integrar a Ucrânia no futuro. No Sul, certas porções territoriais passariam para o Estado dos Eslovenos, Croatas e Sérvios, que se integraria pouco depois com o Reino da Sérvia, formando o Reino dos Sérvios, Croatas e Eslovenos, que originaria o Reino da Jugoslávia, integrando ainda em 1918 o Reino do Montenegro. No Leste, a Áustria recebeu alguns territórios do Reino da Hungria, nomeadamente zonas de maioria de população germânica e croata. A Áustria perdia o seu Império e a sua economia sofreria consideravelmente nos anos seguintes.

A Hungria foi igualmente completamente desmembrada, pelo Tratado de Trianon de 1920, perdendo o seu acesso ao mar através dos Balcãs e a maioria do seu território para a Checoslováquia, para a Roménia, para o Estado dos Eslovenos, Croatas e Sérvios e até partes mais pequenas para a Áustria e para a Polónia. Foi igualmente um forte golpe para a economia que estava fortemente integrada no Império e que tinha tendências autárquicas, baseando-se na especialização regional. Grande parte da indústria estava concentrada no que é hoje a República Checa, enquanto que o Reino da Hungria era o principal produtor de produtos agrícolas, com grande capacidade excedentária que exportava para as restantes regiões imperiais. Existia assim uma grande interdependência dentro do Império e com a dissolução houve quebra das produções industrial e agrícola, bem como desemprego galopante na Áustria e na Hungria. As grandes empresas imperiais, viram-se forçadas a encerrar, uma vez que perdiam o vasto território imperial do qual dependiam para as suas operações.

Mesmo nos países vencedores, o Tratado de Versalhes foi encarado com muito desagrado por importantes personalidades, que viam como o mapa redesenhado da Europa trazia consigo o gérmen de uma nova guerra em larga escala e que a Alemanha humilhada e empobrecida procuraria uma oportunidade para vingar-se. Além disso o redesenhar do mapa europeu do Leste da Europa e dos Balcãs, causava atritos entre as várias nacionalidades que aí viviam. Uma dessas personalidades foi o economista inglês John Maynard Keynes, que acreditava que o restabelecimento rápido da economia alemã e a melhoria das condições de vida dos alemães seriam muito mais benéficos para a paz na Europa do que os pesados termos do Tratado de Versalhes, e ajudariam a economia mundial. Recordemos que antes do conflito o Império Alemão era a segunda maior potência económica, atrás dos Estados Unidos. Keynes trabalharia mais tarde com o presidente norte-americano Roosevelt no estabelecimento do *New Deal*. Keynes achava as condições impostas à Alemanha, *"malvadez e loucura"*[59] e em Maio de 1919 escreveu uma carta premonitória a um amigo: *"Certamente se eu estivesse no lugar dos alemães eu preferiria morrer do que assinar tal paz... mas se eles assinarem, isso será realmente a pior coisa que pode acontecer, já que eles não têm possibilidade de manter alguns dos termos, e desordens generalizadas e agitação ocorrerão por toda a parte. Entretanto não existe comida ou emprego em parte nenhuma, e os franceses e os italianos estão a despejar munições na Europa Central para armar todos contra todos. Eu sento-me no meu quarto hora após hora recebendo delegações das novas nações, e todas pedem não comida ou matérias-primas, mas primeiramente instrumentos de assassínio contra os seus vizinhos. E com tal paz como base não vejo esperança em lado algum. Anarquia e Revolução [sic] é a melhor coisa que pode acontecer, e quanto mais cedo melhor"*[60].

As cedências territoriais feitas pela Alemanha, nos termos dos artigos 27º a 30º e 31º a 117º do Tratado de Versalhes (sendo que estes últimos estabeleciam com pormenor as novas fronteiras da Alemanha e a forma como se processaria o governo e organização dos mesmos, ficando sob a alçada da Sociedade das Nações ou de Estados vizinhos) foram um foco de conflito com as potências vizinhas, principalmente com a França e com a renascida Polónia e isso ajudou a manter grandes focos de instabilidade económica e social durante a década de 1920 e princípios da década de 1930. A Alsácia-Lorena voltou ao controlo francês, houve plebiscito no Schweleswig-Holstein, que acabou por ser

---

[59] Cf. Jeffrey A. Frieden, Op. cit., p. 150.
[60] Idem, pp. 150, 151.

repartido entre a Dinamarca e a Alemanha segundo linhas linguísticas, a região de Eupen-Malmedy e Moresnet foram integradas na Bélgica. A região do Saar, com as suas minas de carvão ficou sob o controlo da Liga das Nações durante quinze anos, até um plebiscito em 1935 decidir a favor da reunificação com a Alemanha, com a produção de carvão do Saar a ser cedida à França. A margem esquerda do Reno foi ocupada por forças internacionais até 1930, para impedir um novo ataque alemão através dessa fronteira e servir como garante do Tratado de Versalhes, nos termos do artigo 428º e seguintes.

Em Janeiro de 1923, como consequência da Alemanha não ter pago atempadamente as reparações de guerra que eram supostas, tropas belgas e francesas ocuparam o resto do Ruhr, o coração industrial da Alemanha. O governo alemão respondeu com uma política de resistência pacífica, ordenando aos operários e ferroviários alemães para não colaborarem com o ocupante. Isto significou uma paralisação das indústrias e dos transportes que causou um impacto muito negativo na frágil economia alemã. Além do mais, os franceses começaram a trazer trabalhadores de França e perto do fim do ano a Alemanha terminou essa política de resistência pacífica. A reforma monetária alemã e negociações relativas às reparações levaram a que as tropas francesas e belgas se retirassem do Ruhr em 1925, como veremos mais adiante.

No Leste, a Alemanha teve de fazer cedências territoriais ainda mais significativas. Houve uma pequena porção de território cedido à recém-criada Checoslováquia, a cidade de Memel com a sua zona limítrofe foi colocada sob o controlo da Liga das Nações, até ser anexada pela Lituânia em 1923, como zona autónoma. A Prússia Oriental decidiu continuar integrada na Alemanha através de plebiscito, enquanto uma larga faixa de território, era entregue à renascida Polónia para permitir-lhe ter acesso ao mar. Isto levou ao reacender dos ódios entre alemães e polacos, e a três confrontos entre os dois países nos anos seguintes pela disputa da Silésia, região rica em minérios e que concentrava parte da indústria alemã. Estes confrontos recorriam sobretudo a milícias e a forças para-militares, onde se incluíam os *Freikorps*, mas também foram envolvidas tropas regulares. Este corredor polaco de acesso ao mar causaria mais uma dificuldade económica e logística à Alemanha, o seu território passava a ser descontínuo e o transporte terrestre entre a Prússia Oriental e o resto da Alemanha não estava facilitado. Como tal, foram estabelecidas, para além das rotas mercantes habituais, rotas de ferries para facilitar a deslocação de pessoas.

Outra criação do Tratado de Versalhes foi a Cidade Livre de Danzig, que correspondia a Danzig e à região circundante. Esta zona seria fonte de instabilidade e conflitos nos anos subsequentes, sendo de novo integrada na Alemanha em 1939, assim que a Alemanha declarou guerra à Polónia. Depois da Segunda Guerra toda a zona passou para controlo polaco.

As cláusulas militares do Tratado de Versalhes impunham inúmeras condições quanto ao número de efectivos e de material bélico, quanto ao recrutamento e treino, quanto à organização naval e aérea e até em relação às fortificações.

Os artigos 248º a 263º tratavam das cláusulas financeiras e os artigos 264º a 312º das cláusulas económicas do Tratado. A leitura destas cláusulas faz tomar consciência da minúcia do Tratado, bem como do peso da sua execução sobre a Alemanha, retirando-lhe na verdade a sua soberania em muitas matérias.

A hiperinflação que afectou a Alemanha no início da década de 1920 devido ao aumento da massa monetária em circulação, acabou por ser controlada alguns anos depois. Para pagar as reparações de guerra a Alemanha começou a imprimir mais dinheiro para comprar divisas e ouro. Isto levou a uma desvalorização acentuada do marco-papel e uma perda de confiança na moeda alemã, que se estendeu ao estrangeiro. O marco-papel passou a não ter quase valor e as reparações começaram a ser pagas em carvão até serem suspensas por completo. Uma das figuras envolvidas no combate à hiperinflação foi Hjalmar Schacht. O plano desenvolvido foi a criação de uma nova moeda, o Rentenmark. O Rentenmark foi lançado a 15 de Novembro de 1923, para combater a hiperinflação do passado recente. Era uma moeda baseada numa hipoteca das terras agrícolas e empresariais da Alemanha, que ajudou a baixar significativamente a inflação. No ano seguinte, em 1924, entrou em circulação o Reichsmark, de novo ligado ao padrão-ouro, como substituto permanente do Marco-papel. Para se ter uma ideia da inflação astronómica que a Alemanha vivia, a taxa de conversão do Reichsmark era de 1RM para mil milhões de Marcos-papel! A taxa de conversão cambial relativamente ao dólar dos EUA era de 1USD para 4.2RM. Estas iniciativas conseguiram controlar a inflação e dar novo alento às finanças da Alemanha, até à nova crise desencadeada em 1929, a partir dos EUA.

A emissão das chamadas "notas" Öffa e MEFO foi um esquema para escapar à vigilância internacional e aumentar bastante a despesa pública, isto enquanto se ofereciam taxas de juro mais aliciantes para os aforradores. Ambas estas empresas fictícias emitiram obrigações no valor de milhares de milhões de Reichsmark que eram vendidas abaixo do seu valor facial e resgatáveis ao fim de cinco anos a um rácio de 1:1 face ao Reichsmark. Isto permitiu ao Estado alemão não só financiar obras públicas, mas também o seu rearmamento, escapando ao controlo estrangeiro. Mas o problema era que o Estado alemão não dispunha de fundos para cumprir as suas obrigações com os investidores quando as "obrigações" vencessem. Para poder fazer isso teria de ver a sua economia crescer mais, orientando-se para as exportações ou então prosseguir uma política externa expansionista, fazendo pilhagem de recursos nos territórios conquistados.

Quanto às reparações de guerra, consagradas nos artigos 231º a 247º do Tratado de Versalhes, elas constituíam um esforço que tornava exangue a Alemanha. Tinham de ser pagas em marcos-ouro e isso levou a que os cofres alemães ficassem vazios, levando a um incumprimento dos pagamentos (além dos pagamentos de milhares de milhões de marcos-ouro, outras cláusulas exigiam pagamento em géneros, como a entrega da marinha mercante alemã ou da frota pesqueira para pagar as perdas aliadas desse tipo de barcos, as entregas de milhões de toneladas de carvão à Bélgica e a Itália, a entrega de produtos químicos e de carvão a França ou mesmo as entregas de grande número de cabeças de gado a França e à Bélgica, incluindo equinos, bovinos, ovinos e caprinos). Os países vencedores não queriam pagamentos em marcos-papel, uma moeda desvalorizada e que poderia ser impressa em grandes quantidades pelo governo alemão, inundando os cofres dos países vencedores com montes de papel sem valor.

Como resultado desse incumprimento, a França e a Bélgica, que foram os países mais afectados pelos ataques alemães, ocuparam militarmente o Ruhr, como já vimos acima. O Ruhr, sendo o principal pólo industrial alemão, contribuía de forma significativa para a economia. Por outro lado, os países vencedores europeus necessitavam de receber os pagamentos das reparações alemãs para poderem pagar as dívidas que tinham contraído relativamente aos Estados Unidos da América. Era uma bola de neve, que afectava não só a Alemanha, mas vários países. Os EUA mostraram ser um dos países mais interessados em fazer a Alemanha recuperar a sua economia, pensando nos seus próprios interesses. Avultados empréstimos foram concedidos à Alemanha e foram feitos investimentos em empresas alemãs. Além disto, foram feitos vários acordos sob a batuta dos EUA para a redução dos montantes a pagar pela Alemanha no âmbito das reparações de guerra. O primeiro desses acordos foi o Plano Dawes, feito em 1924. Permitia ajudar a controlar a hiperinflação e ao estabelecer um plano de pagamentos para a Alemanha efectuar as reparações de guerra, conseguia a retirada da França e da Bélgica do Ruhr. Dawes, que seria co-vencedor do Prémio Nobel da Economia em 1925 percebeu que para poder pagar, a Alemanha teria de recuperar e desenvolver a sua economia e para isso necessitava de capital, que os EUA estavam dispostos a emprestar-lhe. Alguns dos pontos principais do acordo incluíam a retirada das tropas francesas e belgas do Ruhr, um pagamento escalonado em crescendo das reparações de guerra, a reorganização do banco central alemão, a inclusão de alguns impostos, abrangendo as taxas alfandegárias, como fonte de receita para o pagamento das reparações de guerra e o empréstimo à Alemanha de duzentos milhões de dólares, gerados sobretudo a partir de emissões obrigacionistas nos EUA. O plano permitiu à Alemanha desenvolver a sua indústria e reforçou os laços entre os empresários alemães e os banqueiros norte-americanos que queriam investir na Alemanha. A indústria alemã do aço beneficiou com a retirada das tropas ocupantes do Ruhr e expandiu-se de forma exponencial nos anos seguintes.

O Plano Young de 1929 veio aliviar ainda mais a carga de reparações de guerra. Se o Tratado de Versalhes previa um total teórico de cento e trinta e dois mil milhões de marcos-ouro e um total efectivo de cinquenta mil milhões de marcos a pagar, o Plano Young veio reduzir estes totais em cerca de 20%. O Plano Dawes já tinha confirmado que a Alemanha não estava disposta a arrastar indefinidamente o pagamento das dívidas, uma vez que colocaria em primeiro lugar os seus interesses económicos. O Plano Young foi afectado pela Grande Depressão, que fez com que os EUA começassem a retirar muitos dos seus investimentos na Europa, incluindo da Alemanha. A economia mundial e o comércio internacional arrefeceram consideravelmente e o desemprego na Alemanha subiu descontroladamente. O Presidente Hoover acabaria por propor em 1931 uma moratória por um ano no pagamento das reparações alemãs e em 1932 a Conferência de Lausanne juntou representantes da Alemanha, da França e da Inglaterra, para discutirem a suspensão do pagamento das dívidas alemãs. Chegou-se a um acordo, mas esta suspensão dependia da suspensão dos pagamentos das dívidas francesa e inglesa aos EUA e esse acordo não foi conseguido. O Plano Young falharia dada a conjuntura económica mundial e a subida de Hitler ao poder em 1933 interromperia o pagamento de quaisquer somas pela Alemanha.

Graças a acordos assinados após a Segunda Guerra Mundial, houve um tratado em relação ao pagamento das dívidas alemãs, que foram em parte reduzidas. Estas dívidas incluíam algumas decorrentes do Tratado de Versalhes, outras decorrentes de empréstimos contraídos pela Alemanha no pós-guerra. As dívidas começaram a ser pagas pela República Federal Alemã, afectando mais tarde a Alemanha reunificada após a queda do Muro de Berlim. Os últimos pagamentos relativos a estas dívidas foram efectuados apenas em 3 de Outubro de 2010.

Conclusão

Podemos concluir que o Tratado de Versalhes, em termos revanchistas desejados pela França, teve um impacto profundo na Alemanha do pós-guerra. Causou prolongadas perturbações sociais e económicas e foi recebido com enorme desagrado por largos sectores da sociedade alemã. Ao invés de ser um tratado de paz, foi sim um tratado que não ajudou a sanar as feridas no coração da Europa, mas que pelo contrário impediu-as de sarar. Confrontado com hiperinflação, desemprego, instabilidade e fome os alemães estavam prontos a culpar a República de Weimar pela maioria dos seus males e a agarrar-se a qualquer força política que prometesse prosperidade económica e tornar a Alemanha de novo numa grande potência.

A Alemanha, mesmo com vários planos de redução do valor das reparações, acabou por cessar os pagamentos no início dos anos 30. A Alemanha por essa altura rearmava-se e preparava-se para implementar nos anos seguintes uma economia de guerra.

As reservas alemãs em ouro e divisas estavam muito baixas, e vários métodos no mínimo pouco ortodoxos e pouco legais foram usados não só para injectar novo fôlego na economia alemã em geral, no seguimento da Grande Depressão, mas também para financiar o rearmamento, que era proibido pelo Tratado de Versalhes. Hans Luther e Hjalmar Schacht foram dois dos economistas envolvidos no processo. Não só foram utilizados fundos de cidadãos judeus expropriados, mas também dos que compravam produtos alemães para poderem emigrar da Alemanha para a Palestina e dos que emigravam em geral, pagando taxas muito elevadas. Por outro lado, os depósitos de cidadãos estrangeiros na Alemanha também foram utilizados para investimentos.

As potências europeias que se endividaram pesadamente graças à guerra e que no caso da França e da Bélgica viram grande parte das suas estruturas industriais destruídas cederam posição na economia mundial face aos EUA, que foram na realidade os grandes beneficiados com o conflito, tornando-se num enorme credor dos países europeus[61].

A assinatura do Tratado de Versalhes, que muitos consideraram uma "paz cartaginesa", pelos seus pesados termos (nada que a Alemanha não tivesse feito a países vencidos no passado), veio por um lado permitir o fim do bloqueio naval à Alemanha, aliviando a dramática situação alimentar que se vivia, mas por outro lado, lançou as sementes da Segunda Guerra Mundial, duas décadas mais tarde.

Bibliografia

Tratado   de   Versalhes,   consultado   em:

---

[61] Cf. Jeffry A. Frieden, Op. Cit., p. 129-134.

https://en.wikisource.org/wiki/Treaty_of_Versailles, acedido em 17/12/2019

FRIEDEN, Jeffrey A., *Global Capitalism-Its Fall and Rise in the Twentieth Century*, W.W. Norton & Company, New York/London, 2006.

5 A Estética n' *A República* de Platão

Muito embora a Estética apenas tenha sido baptizada relativamente tarde, por Baumgarten, a preocupação com os temas que cabem no seu âmbito surge praticamente no início da história da filosofia. Podemos definir a estética como toda a reflexão filosófica sobre a Arte, ou seja, o ramo da Filosofia que se ocupa da Arte.

Sócrates, Platão e Aristóteles são os filósofos que estão na base do emergir da estética. Xenofonte contava como *"Sócrates ensinava a Parrásios, o Pintor, e ao escultor Clíton a maneira de representar o que há de mais agradável no modelo traduzindo em gestos a verdadeira beleza da alma. Sob o invólucro corpóreo trata-se de atingir a beleza essencial do espírito. (...)"*[62]

Platão abordou em diversas obras questões estéticas, sendo de destacar *Hípias Maior*, *O Banquete*, *A República*, *Sofista* e *Político*. Em *Hípias Maior*, *"põe em cena Sócrates, à procura da essência da beleza, diante do sofista Hípias. À pergunta «O que é o belo?» são propostas várias respostas, examinadas e descartadas após crítica. O diálogo conclui com uma aporia carregada de sentido."*[63] Para Platão todo o processo de criação

---

62   Denis Huisman, *A Estética*, Edições 70, Lisboa, 2005, p. 16.

63   Carole Talon-Hugon, *A Estética-História e Teorias*, Edições Texto &

artística é um processo de imitação do real, como tal quanto mais perfeita fosse a imitação, melhor seria a obra artística. O próprio mundo sensível seria para Platão uma imitação do mundo das ideias, uma sombra desse mundo inteligível, para usar uma das imagens da alegoria da caverna. Carole Talon-Hugon, já citada acima, afirma que os diálogos metafísicos da maturidade de Platão darão respostas a questões deixadas em aberto pelos seus diálogos de juventude: *"O belo aparecerá no seu esplendor metafísico de Ideia. Com o verdadeiro e o bem, ele forma três princípios inseparáveis. Portanto, o belo está para além do sensível que muda, que é diverso, misturado, ontologicamente matizado. As coisas sensíveis só são belas pela presença nelas da Ideia de belo. Por conseguinte, a beleza sensível é tão-só um primeiro grau de beleza; para além dela, há a beleza das almas, a dos actos e dos conhecimentos."*[64] É este o caso d' *A República*, uma das obras tardias de Platão.

N' *A Repúbica*, existem vários excertos relevantes para o âmbito da estética, sobretudo no livro X, a última parte da obra, mas também em vários outros. Iremos analisar alguns desses excertos, embora não de forma exaustiva.

No livro II, começando em 376e, Platão serve-se da voz de Sócrates para colocar em causa se a educação dos jovens deve permanecer como até ali, ou seja, para o corpo a ginástica, para a alma a música, incluindo nesta a literatura. Percebe-se que o que ele quer na realidade é substituir a poesia, veiculada através de uma tradição oral e escutada pelos jovens desde tenra idade, pela filosofia, no ensino das crianças. Recorde-se que a palavra escrita começava a ganhar importância em relação à oralidade e várias obras já circulavam na Grécia. Criticando Homero e Hesíodo, Platão lamenta as falsas fábulas, que contadas às crianças poderão induzi-las em erro no futuro, e como tal defende que se vigie bem

---

Grafia, Lisboa, 2009, p.13.
64   Idem, p.15.

os autores de fábulas, seleccionando as boas e repudiando as más. As más são para ele mentiras, fracas imitações da realidade, que descrevem deuses e heróis de maneira errada e nada parecida com a realidade que dizem querer retratar. Isto no contexto de averiguar as premissas e condições da cidade bem governada.

Já no livro IV, falando a propósito da educação na república, defende um sistema de educação rígido e imutável, clamando pela vigilância contra as inovações na ginástica e na música. A ameaça não seriam novos cantos, mas novos géneros de cantos, uma nova maneira de cantar. E, no diálogo, Sócrates avisa ainda os seus interlocutores: *"(...) É que nunca se abalam os géneros musicais sem abalar as mais altas leis da cidade, como Dâmon afirma e eu creio."*[65] No mesmo livro, em 476a, os filósofos são ditos como os apreciadores do Belo em si. Os outros, sejam homens de acção, amantes de espectáculos ou amantes das artes, são apresentados como vivendo num sonho, incapazes de perceber a realidade, apenas captam as aparências das coisas. Os filósofos, por seu lado, são capazes de alcançar a essência do Belo e as coisas que participam do Belo. De novo, Platão desvaloriza as aparências do mundo sensível a favor da realidade do mundo inteligível.

O último livro d' *A República*, o livro X, é considerado por alguns como um apêndice ou epílogo, visto que a discussão central já está nessa altura terminada. Este capítulo surge em destaque na antologia de Estética editada por Steven Cahn e Aaron Meskin, no que concerne ao contributo de Platão para a estética.[66] Na primeira parte desse livro, Platão rejeita de forma clara a arte mimética, afirmando que esse tipo de arte não tem lugar na cidade sobre a qual estiveram a dialogar, *"uma cidade mais perfeita do que tudo."*[67] Logo a abrir, Platão afirma que para criar essa cidade não é

---

65   Platão, *A República*, FCG, 6ªed., Lisboa, 1990, p. 169.
66   Ver *Aesthetics-A compreensive anthology*, Ed. Steven Cahn, Aaron Meskin, Blackwell Publishing, Oxford, 13ª ed., 2017.
67   Platão, op.cit., p.449.

despicienda a sua posição sobre a poesia, e quase de imediato, afirma recusar a parte da poesia de carácter mimética, uma recusa absoluta desse tipo de arte. *"Aqui entre nós (porquanto não ireis contá-lo aos poetas trágicos e a todos os outros que praticam a mimese), todas as obras dessa espécie se me afiguram ser a destruição da inteligência dos ouvintes, de quantos não tiverem como antídoto a sua verdadeira natureza."*[68] Segue-se a afirmação de que o respeito por Homero, primeiro e inspirador de todos os outros poetas trágicos o impede de falar, embora a verdade seja mais importante. O que é a mimese? É esta a interrogação que se segue. Aproveitando a presença de camas e mesas na divisão onde se desenrola o diálogo, Platão, através da fala de Sócrates, vai tecer mais uma crítica aos imitadores. Para ele existem três formas de camas, a forma natural, que terá sido criada por Deus, a cama que foi realizada pelo marceneiro e a cama que foi feita por um pintor. O pintor é apenas um imitador daquilo de que outros são artífices. Tenta imitar as obras dos artífices e não as coisas tal como elas são na realidade. Compara então o tragediógrafo ao pintor, como se ele também fosse um imitador, depois do rei e da verdade.

A pintura está muito longe da realidade, nem sequer imita a realidade, mas imita a aparência. Nova crítica a Homero, que está também afastado do real, escreve as tragédias como parece que aconteceram. Seria melhor criar ao invés de imitar. Platão continua a crítica a Homero. Fez ele próprio alguma coisa digna de registo? A personagem de Sócrates vai "interpelar" o próprio Homero: *"[Meu caro Homero, se, relativamente à virtude, não estás afastado três pontos da verdade, nem és um fazedor de imagens, a quem definimos como um imitador, mas estás afastado apenas dois, e se foste capaz de conhecer quais são as actividades que tornam os homens melhores ou piores, na vida particular ou pública, diz-nos que cidade foi, graças a ti, melhor administrada, como sucedeu com a Lacedemónia, graças a Licurgo, e com*

---

muitas outras cidades, grandes e pequenas, devido a muitos outros? Que Estado te aponta como um bom legislador que veio em seu auxílio? A Itália e a Sicília indicam Carondas, e nós, Sólon. E a ti, quem?] Teria alguém para indicar?"[69] Homero teria deixado muitos discípulos se não tivesse sido um imitador, indicando a forma de governar as cidades e as suas casas, e fazer a guerra, sem ser bom conhecedor dessas matérias, teria sido seguido para toda a parte pelos seus alunos, deixando possivelmente até uma escola para a posteridade.

A começar em Homero, para Platão todos os poetas são imitadores da virtude e dos outros assuntos sobre os quais compõem as suas obras. São conhecedores das aparências, mas não da verdade, tal como um pintor que pinta um sapateiro sem conhecer bem a sua actividade e consegue enganar aqueles que sabem tão pouco como ele e que acreditam nessa aparência de sapateiro.

Ficamos a saber que segundo o autor há três artes relativamente a cada objecto, a de utilizá-lo, a de confeccioná-lo e a de imitá-lo. O que utiliza o objecto fica também a conhecê-lo e pode ajudar quem o fabrica a aperfeiçoá-lo e a distinguir os que são bons ou maus, enquanto que o imitador não irá aprofundar o seu conhecimento do objecto que imita, nem saberá distinguir quais são os belos e bem feitos.

A imitação surge assim como uma brincadeira sem seriedade, todos os que se dedicam à poesia trágica são imitadores afirma Platão na página 466, continuando a sua tarefa metódica de trazer à luz o real carácter da poesia, segundo ele bastante afastada da verdade.

Segundo ao autor, o que há de mais belo é conservar a calma nas desgraças e não se indignar. Imita-se mais o carácter irascível, pois o carácter calmo não é fácil de imitar sobretudo em festivais e carácteres arrebatados são mais fáceis de imitar pelos

---

69   Platão, op. cit. pp.459,460.

poetas. Platão compara então os poetas aos pintores, enquanto imitadores e declara que na cidade bem governada não se devem receber os poetas: *"(...) E assim teremos desde já razão para não o recebermos numa cidade que vai ser bem governada, porque desperta aquela parte da alma e a sustenta, e, fortalecendo-a, deita a perder a razão, tal como acontece num Estado, quando alguém torna poderosos os malvados, e lhes entrega a soberania, ao passo que destruiu os melhores. Da mesma maneira, afirmaremos que também o poeta imitador instaura na alma de cada indivíduo um mau governo, lisonjeando a parte irracional, que não distingue entre o que é maior e o que é menor, mas julga, acerca das mesmas coisas, ora que são grandes, ora que são pequenas, que está sempre a forjar fantasias, a uma enorme distância da verdade."*[70] A parte de nós que é melhor por natureza não é satisfeita pelos poetas, mas sim a parte das lamentações, lágrimas e gemidos. *"Ouve e repara. Os melhores de entre nós, quando escutam Homero ou qualquer poeta trágico a imitar um herói que está aflito e se espraia numa extensa tirada cheia de gemidos, ou os que cantam e batem no peito, sabes que gostamos disso, e que nos entregamos a eles, e os seguimos, sofrendo com eles, e com toda a seriedade elogiamos o poeta, como sendo bom, por nos ter provocado, até ao máximo, essas disposições."*[71]

A poesia rega sentimentos que não deveriam florescer: *"E quanto ao amor, à ira, e a todas as paixões penosas ou aprazíveis da alma, que afirmámos acompanharem todas as nossas acções, não produz em nós os mesmos efeitos a imitação poética? Porquanto os rega para os fortalecer, quando devia secá-los, e os erige nossos soberanos, quando deviam obedecer, a fim de nos tornarmos melhores e mais felizes, em vez de piores e mais desgraçados."*[72] E apresenta-se Homero como educador da Grécia!

---

70   Platão, op. cit. p.469
71   Idem, p.470.
72   Idem, p.474.

Na cidade a única poesia devem ser os hinos aos deuses e os encómios aos homens virtuosos. Platão exclui então da cidade uma arte desta espécie. É antigo o diferendo entre a filosofia e a poesia e Platão advoga em causa própria, defendendo a filosofia, como é óbvio. Mas, a terminar, deixa a abertura para a poesia regressar, se ela provar ter argumentos para ser recebida na cidade bem virtuosa será de novo acolhida.

Conceitos, como o de mimese, expostos n' *A República*, obra que continua hoje em dia a ser amplamente estudada, seriam mais tarde aproveitados pelo discípulo de Platão, Aristóteles, embora com um sentido diferente, na sua obra *Poiesis*, da qual sobreviveram alguns excertos.

6 A CIDADE VIRTUOSA DE ALFARABI NO CONTEXTO DAS UTOPIAS POLÍTICAS CLÁSSICAS

"— De agora em diante serei eu a descrever as cidades — tinha dito

o Kan. — Tu nas tuas viagens verificarás se existem.
Mas as cidades visitadas por Marco Polo eram sempre diferentes
das pensadas pelo imperador.
— Contudo, eu construí na minha mente um modelo de cidade
de que deveriam deduzir-se todas as cidades possíveis — disse
Kublai. — Contém tudo o que corresponde à norma. Como as
cidades que existem se afastam em grau diverso da norma,
basta-me prever as excepções à norma e calcular as combinações
mais prováveis.
— Também pensei num modelo de cidade de que deduzo todas
as outras — respondeu Marco. — É uma cidade só feita de
excepções, impedimentos, contradições, incongruências,
contrassensos. Se uma cidade assim é o que há de mais

improvável,
diminuindo o número dos elementos anormais aumentam as
probabilidades de existir reamente a cidade. (...)"[73]

Italo Calvino, *As Cidades Invisíveis.*

"Dear soul, spring breeze is here
go into the rose garden and listen
to the whispers of the grass,
the lily, and the hyacinth,
«What you have sown you shall reap.»
Look how after the devastating winter
the new blossoms have covered the thorns,
look how tall the cypress has risen in glory.
Spirit and water have graced the rose garden
enhancing its beauty.
What a blessed companionship!
How long will your heart
stay imprisoned in the winter of lust?
Ask the heart for the way, ask the soul for the moon.
Rise and wash your face with the same water
that made the face of the rose so beautiful."[74]

Rumi, *Garden of the Soul.*

---

[73] Italo Calvino, *As Cidades Invisíveis*, Teorema, Alfragide, 14ª edição, 2011, p.79.
[74] Rumi, *Rumi's Little Book of Life – The Garden of the Soul, the Heart, and the Spirit*, Amaryllis, New Delhi, 2020, p.47.

Introdução

A Cidade Virtuosa foi terminada pouco antes da morte de Alfarabi em Damasco. Segundo Catarina Belo, tradutora da obra para português, é uma obra que sistematiza as posições filosóficas de Alfarabi e que serve quase como uma espécie de resumo da sua obra prévia. A obra divide-se em três partes, a primeira focada na metafísica, a segunda na física e a terceira na ética e na filosofia política. No conjunto constituem os *"princípios das ideias dos habitantes da cidade virtuosa"*. As duas primeiras partes, fortemente influenciadas por Aristóteles e Plotino (que Alfarabi leu julgando tratar-se de obra de Aristóteles), serão abordadas de forma mais ligeira neste ensaio, visto que o foco é a terceira parte, centrada na ética e filosofia política e influenciada por Aristóteles, por Platão e pela teologia islâmica, que Alfarabi procura conciliar com as ideias clássicas gregas.

A principal questão a que este texto quer responder é a questão da influência de Platão no carácter ético e político da obra e como esta se insere numa história de construções utópicas que começou com *A República* de Platão. As semelhanças com a obra utópica de Platão (*A República*, *As Leis*) serão abordadas, bem como as similitudes posteriores com obras utópicas renascentistas, sobretudo pela importância central da religião e de aspectos teocráticos. Aristóteles não pode igualmente ser esquecido sobretudo como grande orientador da cosmovisão de Alfarabi.

Richard Walzer e Albert Nader são os principais nomes que se debruçaram sobre esta obra de Alfarabi no Ocidente, trabalhando na tradução, edição e comentário do texto. A própria Catarina Belo, tradutora da obra para português e comentadora do texto, cita estes dois autores. Para o carácter utópico da obra podem citar-se nomes como Alireza Bakhsh, ou Faroukh Sankari.

Desde *A República* e *As Leis*, de Platão, que os textos de carácter utópico tinham começado a marcar a Antiguidade. Para além desses dois textos, muitos outros textos clássicos precederam a escrita d' *A Cidade Virtuosa*, como por exemplo *A República* de Zenão de Cítio, um texto que descreve um estado ideal estóico e que foi escrito como uma resposta ao estado ideal platónico e que não sobreviveu até aos nossos dias; a *História Sagrada* de Evémero da qual só restaram alguns fragmentos; *As Ilhas do Sol*, de Jâmbulo; a *Vida de Licurgo*, parte da mais vasta obra *Vidas Paralelas*, de Plutarco; *A Fonte das Flores de Pessegueiro*, de Tao Yuanming. Após a morte de Alfarabi outras obras interessantes surgiram, como *O Livro da Cidade das Damas*, de Cristina de Pisano, filósofa e poetisa italiana e com mais impacto na história das utopias, *A Utopia*, de Thomas More; *A Cidade do Sol*, de Campanella ou mesmo *A Nova Atlântida* de Francis Bacon.

Capítulo I

A Cidade Virtuosa no contexto da filosofia islâmica medieval e da vida de Alfarabi. Breve explanação da biografia de Alfarabi, e da sua obra no contexto da filosofia islâmica medieval. Papel da filosofia grega no seu pensamento. Papel da teologia islâmica.

A filosofia árabe, ou melhor dito, muçulmana, pois incluía nomes notáveis persas, não só demonstrou uma assinalável capacidade de absorção, síntese e aproveitamento do pensamento grego, mas através do Califado de Córdova, começou a espalhar a sua influência sobre os pensadores europeus, mais tarde também através da Sicília e de Constantinopla[75].

A filosofia iniciou-se entre os árabes pelo contacto com os grandes pensadores gregos, sobretudo Aristóteles, mas também Platão, Plotino e Proclo. A obra de Aristóteles era, em inícios do século VIII, a mais traduzida para árabe, umas vezes directamente do grego, outras através do sírio. Era uma filosofia fortemente aristotélica, mas com influências de Plotino, por terem sido atribuídos erradamente ao Estagirita textos das Éneades de Plotino[76]. O primeiro filósofo árabe foi Al-Kindi que terá morrido cerca do ano 873 da nossa era, em Bagdad, importante cidade do Califado Abássida (na data da sua morte a capital do califado era em Samarra). Precursor do aristotelismo árabe com toques de platonismo que dominou a época clássica do mundo árabe, sem esquecer as influências de Plotino e de outros filósofos menos conhecido e sem se olvidar dos preceitos devidos aos crentes do Islão. Al-Kindi teria sido um dos autores encarregues pelo califa

---

75 Abdurraman Badawi, Filosofia e Teologia do Islão na Época Clássica, in François Châtelet, *História da Filosofia*, 1º vol, Publicações Dom Quixote, Lisboa, 1980, p.244.
76 Idem, pp.241-242.

Almamune de traduzir as obras de Aristóteles e de outros filósofos gregos[77].

De acordo com Abdurraman Badawi, Alfarabi, nascido em 872 e falecido em 950 e segundo na linha histórica dos filósofos do mundo islâmico: *"Pensamento bastante mais original e mais vigoroso, al-Fârâbi merece bem o cognome que lhe deram de «segundo mestre»; depois de Aristóteles entenda-se. Nascido no distrito de Fârâb, no Turquestão, de origem persa, estudou lógica com Yuhannâ ibn Hailân em Bagdade, tendo-se depois dedicado ao estudo de diferentes ramos da filosofia, das matemáticas e da música. Ensinou também nessa cidade. Viveu na corte de Saif al-Dawlah al-Hamdâni, em Damasco, e aí morreu em 950. A sua produção foi vastíssima: comentários à maior parte das obras de Aristóteles, e a alguns tratados de Alexandre de Afrodísia, e obras originais de que convém assinalar sobretudo:* As ideias dos habitantes da cidade virtuosa, Conciliação de Platão e de Aristóteles, Preciosidades de Sabedoria, Aforismos do Político, Grande tratado da música, As condições da certeza, A grande retórica *e* As leis da poética. *Al-Fârâbi tentou a primeira grande síntese de Platão e Aristóteles, que ele julgava conciliáveis. Realizou essa síntese graças a um tratado atribuído a Aristóteles, mas que era de facto um extracto das Éneades IV-VI de Plotino, intitulado* Teologia de Aristóteles. *Era um conhecedor profundo das obras dos dois grandes filósofos, da história da filosofia grega e do conjunto das doutrinas científicas."*[78]

Segundo Catarina Belo, tradutora para português d' *A Cidade Virtuosa*, Alfarabi tanto poderia ser persa quanto turco. Além da sua residência em Bagdade onde estudou e ensinou, como já vimos, terá viajado pelo Egipto e pela Síria, onde acabou por se fixar e onde terminou os seus dias. Beneficiou de ter vivido numa época de grande criação cultural no Califado Abássida, recebendo

---

[77] Idem, p. 187.

[78] Idem, p.244.

ensinamentos e ensinando estudiosos muçulmanos e cristãos, sob o manto amplo da influência da filosofia grega e helenística. Dados parecem indicar que Alfarabi teria sido xiita, um ramo de Islão que defende que o mesmo deve ser liderado por um descendente de Maomé, mas a sua obra parece não o indicar explicitamente. No que respeita à teologia islâmica, Alfarabi defende e segue os princípios da escola mu'tazilita, defendendo n' *A Cidade Virtuosa* a unidade e unicidade de Deus. "*A unidade de Deus significa que há só um Deus e a unicidade de Deus significa que não há qualquer multiplicidade em Deus*".[79] *A Cidade Virtuosa* teria sido começada em Bagdade em 942 e terminada em Damasco em 943, sendo revista e tendo o seu formato final em 948.[80]

De acordo com Anthony Kenny, a faceta mística da obra de Alfarabi não deve ser descurada, afirmando no seu livro *Medieval Philosophy* que: "*Al-Farabi era um membro da seita mística dos Sufis e vincou que a tarefa dos humanos era procurar iluminação de Deus e regressar a ele de quem originalmente emanámos.*"[81]

Parte importante e constante das suas obras é a questão de Deus e a questão da política, ambas abordadas n' *A Cidade Virtuosa*. As ideias de Alfarabi a respeito de Deus são muito inspiradas pelas ideias metafísicas de Aristóteles, como por exemplo, a ideia de ser primeiro e de causa primeira. A génese do mundo seria explicada pela teoria das emanações que Plotino explicitou nas *Éneades*. Quanto à política, Alfarabi concede sempre um lugar de destaque a Deus e à teologia islâmica na concepção da sua cidade virtuosa, a melhor entre os diversos tipos de cidades que distingue. Por outro lado, convém assinalar o papel da obra de Alexandre de Afrodísias, grande comentador clássico de Aristóteles, na obra de Alfarabi, como destacou David Reisman:

---

[79] Alfarabi, *A Cidade Virtuosa*, Fundação Calouste Gulbenkian, Lisboa, 2019, p.15.
[80] Cf. Alfarabi, op. cit., p. 9 e seguintes.
[81] Anthony Kenny, *Medieval Philosophy*, Clarendon Press, Oxford, 2007, p.36.

"A sua teoria do intelecto parece ter sido baseada numa leitura atenta de Alexandre de Afrodísias e desenvolve o conceito de um Intelecto Activo que se encontra fora do intelecto humano."[82]

Para além d' *A Cidade Virtuosa*, outras obras importantes e que convém realçar no conjunto dos escritos de Alfarabi são a *Filosofia de Platão e Aristóteles*[83], e *Conciliação de Platão e de Aristóteles*[84], demonstrativas do valor que Alfarabi dava a ambos os filósofos, e sem esquecermos as influências neoplatónicas de Plotino e peripatéticas de Alexandre de Afrodísia, sendo que ambos estabeleceram um elo de ligação entre o pensamento grego clássico de Sócrates, Platão e Aristóteles com a filosofia islâmica que nascia, influenciada pelos ensinamentos corânicos. Eli Abdel-Massih tradutor para o francês da *Conciliação de Platão e de Aristóteles* destaca a vida ascética de Alfarabi, o facto de que teria um pai persa e uma mãe turca, bem como os seus conhecimentos de línguas (admitindo-se que conhecesse o turco, o persa, o árabe e o siríaco). O tradutor lamenta também que durante muitos séculos as obras de Alfarabi tenham ficado esquecidas, muito embora ele tenha sido forte influência para Avicena e algumas das suas obras tenham sido traduzidas para latim. Foi redescoberto no século dezanove graças a três orientalistas alemães: Schmölders, Dietrici e Steinschneider[85].

Na história da filosofia islâmica, seguem-se os Irmãos da Puridade, um movimento bastante ecléctico com sede em Baçorá,

---

[82] David Reisman, Al-Farabi and the philosophical curriculum, in Peter Adamson e Richard Taylor (Eds.), *The Cambridge companion to Arabic Philosophy*, Cambridge University Press, Cambridge, 2005, p.52.

[83] Cf. Alfarabi, *Philosophy of Plato and Aristotle*, Cornell University Press, Ithaca/New York, 1962.

[84] Ver Alfarabi, "Livre de concordance entre les opinions des deux sages, le divin Platon et Aristote", in *Parole de l'Orient : revue semestrielle des études syriaques et arabes chrétiennes : recherches orientales : revue d'études et de recherches sur les églises de langue syriaque*, vol. 5, nº2 (1969), Beyrouth, pp. 305-358.

[85] Idem, pp. 305-306.

no sul do Iraque, que deu origem a vários tratados, que interpretava bastante liberalmente os preceitos do Corão, acreditando que os ensinamentos simples destinados a serem entendidos pelos humildes pastores e nómadas do deserto árabe, tinham de ser entendidos segundo um esquema mental espiritual pelas pessoas mais cultas. Estavam assim abertos a conhecimentos e figuras de outras fés e nações. Ao lado dos árabes Maomé e Ali (quarto califa, segundo os muçulmanos sunitas, primeiro califa segundo os muçulmanos xiitas, ou seja, o primeiro sucessor de Maomé), os gregos Sócrates e Platão e o persa Zaratustra. Mas as influências que se faziam sentir sobre os Irmãos da Puridade não se ficavam por aqui, congregando no seu conjunto aspectos de pitagorismo, platonismo, neoplatonismo, astrologia, magia, misticismo e gnosticismo[86].

Cronologicamente segue-se-lhe Avicena, nascido em Afshanah em 985. Começou os seus estudos filosóficos muito cedo e na sua obra principal, chamada *Shifâ*, debruçou-se sobre vários campos do conhecimento: lógica, física, metafísica e matemática. Como todos os primeiros filósofos islâmicos, Avicena também recebeu toda a tradição filosófica grega que se espalhou a partir de países como a Síria ou o Egipto. Morreu no ano de 1036, deixando textos influentes não só para o mundo muçulmano, mas também para o Sul da Europa islamizado, alcançando mais tarde projecção com as traduções do árabe efectuadas por altura dos renascimentos europeus e que tiveram impacto nos grandes filósofos da altura, nomeadamente São Tomás de Aquino. Algumas dessas traduções para o latim medieval foram efectuadas em Toledo, outras na Sicília, outras em Bizâncio/Constantinopla. Teologicamente, Avicena afastou-se das concepções clássicas do Islão, aproximando-se mais das concepções plotinas do Uno, e que foram

---

[86] Ver Abdurraman Badawi, Filosofia e Teologia do Islão na Época Clássica, in François Châtelet, *História da Filosofia*, 1º vol, Publicações Dom Quixote, Lisboa, 1980, p.250.

parcialmente partilhadas por Alfarabi[87].

Al-Ghazâli, nascido em Tus, actual Irão, em 1058, a mesma cidade onde viria a falecer em 1111, foi um místico e teólogo muçulmano, que exerceu também bastante influência sobre a filosofia e que demonstra também como até certa altura a filosofia islâmica estava dominada pelos filósofos do Oriente. Pode ser considerado um filósofo *sui generis* na medida em que tendo sido um estudioso da filosofia, não parece ter encontrado nela aquilo que procurava e refugiou-se na religião, tecendo duras críticas à filosofia no livro *A Incoerência dos Filósofos*, onde tratou de defender a teologia islâmica contra as ideias dos filósofos gregos e dos filósofos muçulmanos que o precederam, em especial Alfarabi e Avicena, mas também dos mais conceituados nomes da filosofia grega, como Platão e Aristóteles. Divida em duas partes, na primeira parte a obra pretende criticar as teses filosóficas que se encontram em contradição com o Islão e na segunda parte trata-se de conceitos que não estão relacionados directamente com preceitos islâmicos, mas com questões de segunda linha. Outra obra importante foi a *Vivificação das ciências da religião*, mais uma obra de tom apologético do Islão, ocupando-se de jurisprudência, sufismo e teologia, tentando reconciliar a teologia sunita com o sufismo sunita, com resultados muito positivos, sendo considerada uma obra de referência e consulta de grande popularidade para os crentes. A *Incoerência dos Filósofos* teve tradução para o latim e exerceu influência na Europa, sobretudo entre os círculos que se opunham ao averroísmo, ou seja, cristãos, que partilhavam muitas das críticas de Al-Ghazâli à filosofia islâmica e às fontes gregas onde fora beber[88].

Averróis, era oriundo de Córdova, na altura do seu nascimento em 1126 ainda sob domínio muçulmano, um importante centro de criação cultural e científica. Averróis teve

---

[87] Idem, pp.253-259.
[88] Idem, pp.259-260.

considerável influência não só no mundo muçulmano, mas também sobre o mundo cristão medieval. Mostrando grande respeito pelos clássicos filósofos gregos, dos quais se destacam os seus comentários de distintas extensões das obras de Aristóteles e a paráfrase d' *A República* de Platão. Teve de efectuar várias respostas aos argumentos de Al-Ghazâli, destacando-se dois textos, *A concordância da religião com a filosofia* e principalmente a *Incoerência da incoerência*, obra na qual procurou, de forma sistemática analisar os argumentos que Al-Ghazâli tinha desenvolvido contra os filósofos e derrotá-los. Apesar das divergências entre a religião e a razão, a verdade é só uma e a religião e a filosofia devem unir esforços e convergir para conhecê-la[89].

---

[89] Idem, pp.260-262.

Capítulo II

A primeira e a segunda partes d' *A Cidade Virtuosa*. Breves reflexões. A metafísica e a física segundo Alfarabi. Influências de Plotino e de Aristóteles.

A primeira e a segunda partes d' *A Cidade Virtuosa*, foram fortemente influenciadas pelo pensamento de Aristóteles sobre a metafísica e a física, mas também pelo pensamento de Plotino, que Alfarabi leu como sendo obra de Aristóteles e do qual adopta o conceito das emanações. Muito mais tarde iremos encontrar um tipo semelhante de organização nas *900 Teses* de Pico della Mirandola, onde se parte de uma organização cósmica e biológica. Pico della Mirandola seria uma das fortes influências sobre Thomas More, fazendo também um apanhado do pensamento árabe e judaico, onde se incluem algumas teses sobre o pensamento de Alfarabi, sobretudo relativas a lógica. Por outro lado, como veremos noutro capítulo, Alfarabi pretendia que esta obra fosse uma espécie de cartilha para o ensino dos cidadãos da cidade perfeita que ele delineou, abrangendo essa educação: física, metafísica, biologia, ética e filosofia política.

Assim, depois de um breve sumário, do índice dos capítulos e de um curto apêndice ao sumário, Alfarabi inicia a obra, nomeadamente a primeira parte da obra, com um capítulo dedicado à Causa Primeira, *A Causa Primeira é Una e Intelecto*. Aqui Alfarabi vai buscar a influência de Aristóteles: *"O primeiro existente é a primeira causa da existência de todos os outros existentes. Ele está isento de todo o tipo de imperfeição, mas tudo o resto não deixa de ter algum tipo de imperfeição: ou uma ou mais do que uma imperfeição. Mas o Primeiro está isento de todos os tipos de imperfeição. A sua existência é a mais excelente e a mais antiga (...)."*[90]

De seguida, Alfarabi tece algumas considerações sobre potência e existência, considerando que o Primeiro é apenas causa, mas não é efeito de nada e depois passando à enumeração das características do Primeiro e explicando um pouco cada uma delas[91]. No segundo capítulo o tema é *A Primeira Causa como origem de todo o Ser*: *"Primeiro é aquilo a partir do qual advém toda a existência. Do primeiro existente, devido à sua existência própria, segue-se necessariamente a existência, a partir dele, dos restantes existentes, cuja existência não advém da vontade ou do livre-arbítrio do ser humano. Assim se produzem os vários tipos de existência, alguns dos quais são testemunhados pelos sentidos e outros conhecidos pela demonstração. A existência daquilo que procede do Primeiro advém por emanação, e deve-se à existência de outra coisa; logo, a existência de uma outra coisa emana da existência do Primeiro. Desse modo, a existência daquilo que procede dele não é, de modo algum, causa sua."*[92] Esta concepção da emanação, que Alfarabi julgava ser aristotélica, é atribuída erroneamente ao Estagirita, sendo a tradução ou paráfrase de algumas das *Éneades* de Plotino. O Primeiro é só uma essência e uma substância e tem características como unidade, existência e ser verdadeiro.

No terceiro capítulo, *O Mundo Supralunar*, Alfarabi explica como do Primeiro emana o segundo, incorpóreo e que intelige, emanando dele o Primeiro Céu[93] e seguintes intelectos existentes, que quando se substancializam na sua essência, do terceiro ao décimo primeiro dão origem às Estrelas Fixas, e a diversos astros nesta sequência: Saturno, Júpiter, Marte, o Sol, Vénus, Mercúrio e a Lua, com o qual termina, segundo Alfarabi, a existência dos corpos celestes, que para ele tinham um movimento circular. Esta concepção cosmológica, reflectia os conhecimentos da sua época e já as órbitas planetárias. Outros astros do sistema

---

[90] Alfarabi, *A Cidade Virtuosa*, Fundação Calouste Gulbenkian, Lisboa, 2019, p.75.
[91] Idem, p.76 e seguintes.
[92] Idem, p.92.
[93] Idem, p.97

solar como Urano, Neptuno ou Plutão, só seriam descobertos séculos mais tarde.

Segue-se a abordagem d' *Os Existentes Sublunares*, existentes que começam bastante imperfeitos evoluindo para uma crescente perfeição na sua substância. Alfarabi distingue aqui o fogo, o ar, a terra, a água, o vapor, a chama, os minerais e substâncias similares, as plantas e os animais irracionais e racionais, passando logo de seguida no capítulo seguinte, o quinto, a falar sobre *Matéria e Forma*, que podem ser interpretadas como material e figura, respectivamente. Após mais este curto capítulo, o sexto, intitulado *O Mundo Sublunar e o Mundo Supralunar*, Alfarabi dedica-se a explanar a ordem dos existentes sublunares que segundo ele se organizam do mais inferior, a matéria primeira comum, até ao mais superior, o animal racional, ou seja, o Homem, passando pelos quatro elementos, pelos minerais, pelas plantas e pelos animais irracionais. Já no mundo supralunar, a ordem dos existentes vai do mais superior ao mais inferior, do Primeiro à Lua, passando pelo segundo e pela ordem dos diversos astros[94]

No sétimo capítulo, com o título de *Os Corpos Celestes*, estes são descritos como nove conjuntos em nove níveis, contendo cada um um corpo esférico (Primeiro Céu, Estrelas Fixas, Saturno, Júpiter, Marte, o Sol, Vénus, Mercúrio e a Lua).[95] *"Tem o que há de mais nobre e excelente de tudo aquilo que tem matéria, pois tem a mais excelente figura, a figura esférica, e a mais excelente das qualidades sensíveis, a luz. Algumas das partes destes corpos produzem luz, a saber, as estrelas, e algumas das suas partes são transparentes em acto, pois estão sempre cheias de luz própria e de luz adquirida a partir das estrelas. Têm o movimento mais perfeito, o movimento circular. Têm em comum com os dez intelectos separados o facto de terem recebido o estado mais perfeito, com que se tornam substâncias, desde o princípio, e o mesmo se passa com os seus volumes, figuras e qualidades visíveis que lhes são próprios."*[96]

O Devir é o oitavo capítulo iniciando-se da seguinte maneira: *"Segue-se necessariamente da natureza comum dos*

---

[94] Idem, pp.103-105.

[95] Idem, pp. 105-112.

[96] Idem, p. 108.

corpos celestes a existência da matéria-prima, que é comum a tudo o que está abaixo dos corpos celestes. Da diferença das suas substâncias segue-se a existência de muitos corpos com substâncias diferentes. A contrariedade das suas relações e ligações produz a existência de formas contrárias. A alternância de relações contrárias, e a sucessão de umas em relação às outras, gera a alteração e a sucessão das formas contrárias numa matéria-prima."[97] e *"Alguns dos corpos surgem a partir da primeira mistura, outros a partir da segunda, outros a partir da terceira, e outros a partir da útima mistura. Os minerais surgem a partir da mistura mais próxima dos elementos, têm menos complexidade, e a sua distância em relação aos elementos é menor em termos de posição. As plantas surgem a partir de uma mistura mais complexa do que a dos minerais, ocupando uma posição mais afastada dos elementos. Os animais surgem com uma mistura mais complexa do que a das plantas. Apenas o ser humano surge a partir da útima mistura."*[98]

No nono capítulo, intitulado *Os Corpos Sublunares*, Alfarabi foca-se nos existentes sublunares, os quais consistem em matéria e forma, e não duram para sempre, perdem a sua forma, e a sua matéria dará origem a novos existentes. Como os seres se mantêm e se destroem, sob a influência de agentes internos, externos ou uma combinação dos dois, e como se dá continuidade às espécies através da faculdade da reprodução[99].

A partir do décimo capítulo e até ao décimo quarto, Alfarabi vai focar-se no ser humano e nas suas características. Depois da metafísica e da física, Alfarabi entra aqui nos domínios da biologia, da medicina e até de uma "psicologia", por exemplo, quando descreve as faculdades da alma, que segundo ele vão da faculdade nutritiva à faculdade racional, passando pela faculdade do tacto, do gosto, da audição, da visão, uma faculdade do desejo e a faculdade da imaginação ou se dedica a discorrer sobre a imaginação e a divinação no décimo quarto capítulo.

Começando com as *Faculdades da Alma* Alfarabi prossegue para os *Membros e Órgãos do Corpo*, onde perfila

---

97 Idem, p. 112.

98 Idem, p. 114.

99 Idem, pp. 116-122.

hierarquicamente o coração, o cérebro, o fígado, o baço e os órgãos reprodutores, objecto do capítulo décimo segundo. Neste capítulo Alfarabi, fazendo uso dos seus conhecimentos de medicina fala da reprodução humana, dos acidentes de alma que são mais vincados no homem ou na mulher e que quanto às faculdades sensoriais, da imaginação e da racionalidade homem e mulher não diferem, algo que na época não era afirmado por muitos. O décimo terceiro capítulo de seu nome *A Faculdade Racional* é utilizado para discorrer sobre a mesma, afirmando Alfarabi logo de início que: *"Em seguida, resta discutir as impressões de vários tipos de inteligíveis na faculdade racional. Os inteligíveis que tendem a ser impressos na faculdade racional são aqueles que nas suas substâncias são intelectos em acto e inteligíveis em acto, e são algo desprovido de matéria; outro são os inteligíveis que não são nas suas substâncias inteligíveis em acto, como as pedras e as plantas e tudo o que é corpo ou existe num corpo que tem matéria ou é ele mesmo, matéria, e tudo o que é constituído por ela, pois estas coisas não são intelectos em acto, nem inteligíveis em acto. Quanto ao intelecto humano, que o ser humano possui naturalmente desde o início, é uma disposição na matéria preparada para receber as impressões do inteligível e é em potência intelecto (e intelecto material), e também é inteligível em potência."*[100] A felicidade e a sua procura, varia consoante a faculdade utilizada. Alfarabi aborda também a ética, distinguindo entre uma razão prática e uma razão teórica. *A Faculdade da Imaginação* é o décimo quarto capítulo, aprofundando as teorias de Alfarabi sobre esta faculdade mediadora entre as faculdades sensoriais e a faculdade da razão[101].

Aqui encerram-se as duas primeiras partes d' *A Cidade Virtuosa*, como se viu um relato abrangente, passando da origem do mundo com o Primeiro, do espaço celeste e terrestre, quatro elementos, plantas, animais e o Homem, detendo-se depois Alfarabi nos atributos físicos, mentais e psicológicos do ser humano. Uma verdadeira compilação de conhecimentos da sua época e resumo da sua actividade enquanto filósofo, influência para nomes posteriores como Avicena e Averróis.

---

[100] Idem, p.138.

[101] Idem, pp. 123-152.

Capítulo III

A terceira parte d' *A Cidade Virtuosa*. Resumo e comentários. Foco da análise da obra. Apresentação resumida desta parte e comentário da mesma. Ética aristotélica e filosofia política platónica.

A Cidade para Alfarabi é entendida em sentido lato enquanto Estado, não como na época clássica grega, em termos de cidades-estado. A cidade de Medina, onde Maomé estabeleceu residência com os seus adeptos depois de fugirem de Meca, no ano de 622, fuga conhecida pelo nome de hégira, é vista como um modelo para a cidade islâmica ideal (Medina significa cidade em árabe, anteriormente o nome da localidade era Iatrebe). Maomé surge igualmente como o governante ideal, líder religioso, estratega e político, conseguiu converter as tribos da cidade e uni-las, e torná-la próspera, dedicando-se depois a aumentar a influência do Islão enquanto fenómeno religioso e político na região e mais tarde conquistando Meca. A mesquita de Quba, originalmente nos arredores da cidade, hoje integrada na cidade de Medina e já reconstruída, crê-se que seja a mesquita mais antiga do mundo.

Para Émile Bréhier são notórias as identificações d' *A Cidade Virtuosa* com *A República* de Platão. Este filósofo francês afirmou na sua obra *La philosophie du Moyen-Âge* que: *"A teoria da Cidade de Al-Farabi, cujos princípios são pedidos emprestados à República de Platão, marca um esforço para encontrar na Cidade a ordem do mundo; o chefe ideal, dotado de todas as virtudes intelectuais e práticas, tem todos os traços do filósofo da República; mas, como este chefe é puramente ideal, Al-Farabi contenta-se com uma república aristocrática, onde estas virtudes, em lugar de se concentrarem num só, serão partilhadas entre vários. Por outro lado, ele orienta a Cidade não em direcção a fins terrenos, mas em direcção a um fim sobrenatural: o seu fim é preparar a felicidade após a morte."*[102]

A terceira parte da obra *A Cidade Virtuosa*, focada na ética e na política começa no capítulo décimo quinto com a afirmação de que toda a gente necessita de coisas que não pode produzir, tendo por isso de associar-se a outras pessoas. Nasce assim a noção de comunidade. De seguida, Alfarabi apresenta os três tipos de sociedades perfeitas, sendo que acredita que a mais pequena das três, a cidade, é a forma mínima para funcionamento das comunidades humanas. O bem, a perfeição e a felicidade surgem da organização da cidade, mas dalgumas pode também emergir o mal, pois todas são organizadas através do livre-arbítrio e vontade humanas[103]. *"A cidade na qual a associação serve para cooperar na obtenção das coisas que levam à felicidade, na realidade, é a cidade virtuosa, e a associação na qual se coopera para a obtenção da felicidade é a associação virtuosa. A nação cujas cidades cooperam todas naquilo pelo qual se obtém a felicidade é a nação virtuosa. Do mesmo modo, a terra habitada virtuosa apenas surge se todas as nações que se encontram nela cooperarem para obterem a felicidade."*[104] De realçar que para Alfarabi a comunidade universal seria possível, baseada numa utopia universal e unida pela fé.

---

[102] Émile Bréhier, *La philosophie du Moyen-Âge*, S/E, S/L, 1949, p.75.
[103] Alfarabi, *A Cidade Virtuosa*, Fundação Calouste Gulbenkian, Lisboa, 2019, p.153.
[104] Idem, p. 154.

Alfarabi faz então uma comparação da cidade virtuosa com um corpo perfeito e saudável, em que todos os órgãos, com o coração a liderar, exercem as suas funções para bem do todo, é uma concepção hierárquica que ele transporta para a cidade, onde o líder e os que lhe estão próximos exercem as funções superiores, seguindo-se a partir daí uma ordem decrescente, até se chegar àqueles que apenas servem ordens de outros, sem ninguém servir as suas ordens, são os que estão no nível mais baixo. O líder tem de ser o primeiro, e uma das suas funções é resolver os problemas de funcionamento da cidade, ou seja, nos níveis que estão abaixo dele. Os que estão mais próximos do líder desempenham as funções mais nobres, enquanto os que estão no fundo da escala, por inferioridade ou natureza das próprias funções, estão encarregues das funções mais baixas, ainda que úteis. Alfarabi compara-as às da bexiga ou do intestino, no corpo humano. Ele vai recorrer também à comparação entre o Primeiro e os restantes existentes, para explicar a relação do rei da cidade virtuosa com os restantes membros da mesma[105].

"O líder da cidade virtuosa não pode ser uma pessoa qualquer, pois a liderança requer duas coisas, sendo a primeira que a pessoa deve estar preparada para ela pela sua natureza inata, e a segunda que deve ter a disposição e o hábito voluntário para a liderança, que se desenvolve em quem está naturalmente preparado para ela. Nem toda a arte serve para a liderança, mas a maior parte das artes e ofícios serve a cidade, tal como a maior parte das naturezas inatas consiste em servir."[106] Segundo o autor, o líder atingiu a perfeição das suas faculdades e recebe por intermédio do Intelecto Agente, a revelação divina e assume também o papel de Profeta. Alfarabi não esquece aqui então o papel de Deus na comunidade islâmica, destacando-se este importante trecho: *"(...) e Deus, todo-poderoso e excelso, envia-*

---

105 Idem, pp. 154-157.
106 Idem, p. 158.

lhe a revelação através do Intelecto Agente, de forma que o que emana de Deus, seja louvado e enaltecido, para o Intelecto Agente, este emana para o seu intelecto passivo através do intelecto adquirido e depois para a faculdade da imaginação. Esse ser humano torna-se, através da emanação para o seu intelecto passivo, um sábio, filósofo e pensador prudente, por meio de um intelecto divino, e torna-se, através dessa emanação para a faculdade da imaginação, um profeta que anuncia o que está por vir e informa sobre os particulares actualmente existentes [através de um intelecto divino nele]."[107] É ainda acrescentado que o líder deve ser forte, para poder liderar a cidade militarmente, ou seja, o rei além de filósofo e profeta, deve ser também o general máximo. Enumera também uma dúzia de qualidades naturais que o líder deve possuir. Características raras e únicas, pode haver apenas uma pessoa dessas na cidade de cada vez, ou mesmo nenhuma, caso em que se seguem os ensinamentos do último rei. Se por acaso houver duas ou várias poderão liderar se houver complementaridade das suas características. Importante é que o rei seja filósofo ou tenha um filósofo junto dele, para que a cidade não pereça, Alfarabi dá muita importância a esta questão[108].

Alfarabi vai de seguida elencar diversos tipos de cidades para além da cidade virtuosa, como sejam a cidade ignorante, a cidade dissoluta, a cidade alterada e a cidade que se perdeu. A cidade ignorante, que se divide em várias outras cidades (a cidade da necessidade, a cidade vil, a cidade da perversidade e do erro, a cidade da honra, a cidade do domínio, a cidade colectiva) é aquela na qual os seus habitantes não conhecem a felicidade, e onde se valorizam bens materiais e fúteis. Não há unidade, cada subdivisão é controlada por um rei. Já na cidade dissoluta, as suas ideias são iguais às da cidade virtuosa, mas os seus actos iguais aos da cidade ignorante. Na cidade alterada, as suas ideias e actos eram

---

[107] Idem, p.160.
[108] Idem, p.164.

originariamente iguais aos da cidade virtuosa, mas alteraram-se com a introdução e adopção de novas ideias. A cidade que se perdeu é aquela que tem ideias erradas acerca de Deus, do Intelecto Agente e dos segundos existentes e cujo rei é um falso profeta[109].

No décimo sexto capítulo, com o título de *O Além*, Alfarabi alega que os reis que se sucedem no tempo são todos como uma mesma alma e que o mesmo acontece aos habitantes da cidade virtuosa, que têm em comum coisas que fazem e que pensam. As gerações sucedem-se e as almas prosseguem, é essa a ideia de Alfarabi. Ele também faz considerações sobre os tipos de felicidade que compara aos diferentes tipos de artes existentes e que considera segundo o seu grau de importância e de excelência. Os habitantes das outras cidades possuem almas imperfeitas e as suas más acções dão origem a más disposições, explanando Alfarabi o que sucede aos habitantes das outras cidades quando os seus corpos morrem[110].

Quanto ao décimo sétimo capítulo, o tema é *Filosofia e Religião*. Para começar Alfarabi destaca o papel de transmissão de conhecimentos dos filósofos, e o conhecimento que todos os habitantes da cidade virtuosa devem ter: "*[As coisas] ou são impressas nas suas almas tal como existem, ou são impressas nelas através da semelhança e do símbolo, de modo a chegarem às suas almas exemplos delas que as imitam.*"[111] E que coisas são essas? "*As coisas que todos os habitantes da cidade virtuosa têm de saber em comum são, em primeiro lugar, 1) o conhecimento da primeira causa e de todos os seus atributos; depois 2) as coisas imateriais, os atributos específicos e o nível de cada uma delas até se chegar , de entre elas, ao Intelecto Agente, bem como a acção de cada uma delas; depois 3) as substâncias celestiais e os atributos de cada uma delas; depois 4) os corpos naturais que se*

---

[109] Idem, pp. 164-167.
[110] Idem, pp. 167-176.
[111] Idem, p. 177.

encontram abaixo delas e o modo como se geram e corrompem e o facto de tudo o que lhes sucede seguir a ordenação, a precisão, a providência, a justiça e a sabedoria, e que não há negligência nem imperfeição nelas, nem injustiça alguma; depois 5) a geração do ser humano, como surgem as faculdades da alma e de que modo o Intelecto Agente emana a luz sobre elas até surgirem os primeiros inteligíveis, a vontade e o livre arbítrio; depois 6) o primeiro líder, e como se dá a revelação; depois 7) os líderes que devem suceder a ele quando não está presente a dado momento; depois 8) a cidade virtuosa e os seus habitantes, e a felicidade que as suas almas obtêm por fim; 9) e as cidades contrárias a ela, e aquilo que acontece às suas almas após a morte – para algumas a infelicidade e para outras a inexistência – e as nações virtuosas, e as nações contrárias a elas."[112] Também se foca em como se processa o conhecimento, no uso de provas e exemplos e como são recebidos consoante as nações, as cidades e os habitantes das mesmas[113].

No penúltimo capítulo, o décimo oitavo, dedicado a *As Opiniões das Cidades que ignoram o Verdadeiro Bem*, Alfarabi fez uma crítica das cidades ignorantes e das cidades que se perderam, tendo como base o facto de elas adoptarem uma religião baseada em conhecimentos antigos, mas corruptos. Como surgem as associações ou comunidades? E também se gasta algum tempo a elencar os atributos da associação das pessoas enquanto vínculo, afeição e harmonia mútuos, mas como é que esses vínculos surgem, isso gera respostas muito diferentes. Para alguns, o vínculo surge de uma origem comum, ou seja, de uma ascendência ou antepassado em comum; para outros, através do casamento dos homens de um grupo, com as mulheres de outro grupo, criando descendência; para outros a associação tem origem num primeiro líder comum que obteve vantagens para o grupo ou comunidade;

---

[112] Idem, pp. 176-177.
[113] Idem, p. 176 e seguintes.

outros julgam que o vínculo provém de juramentos, pactos, alianças e coisas semelhantes; outros ainda de um carácter semelhantes e de uma língua em comum, aproximando as pessoas; outros que os laços advêm da residência em comum, primeiro no mesmo edifício, depois na mesma rua, no mesmo bairro, depois na mesma cidade. Alfarabi critica aqueles que se unem tendo em vista apenas a riqueza e o poder, obtendo-os pelo domínio sobre outros grupos, pela violência, pela subjugação de outras cidades ou pela escravização de outros grupos[114].

O livro encerra-se com o décimo nono capítulo *Opiniões das Cidades que se Perderam*. Alfarabi vai destacar a importância dada à felicidade e à vida da alma após a morte, sendo que elas são alcançadas pela prática das acções virtuosas durante a vida. Enumera também as características do corpo e da alma, quais são as forças e falhas de cada uma delas, qual é a prioridade que devemos dar, ao corpo ou à alma? Faz uma abordagem de Empédocles e de Parménides, sendo que todas estas opiniões acabaram por dar origem a religiões erróneas. Distingue igualmente entre morte natural, na qual a alma se separa do corpo e morte voluntária, na qual a pessoa consegue controlar o desejo e a ira[115].

Podemos destacar, após o foco nesta terceira parte d' *A Cidade Virtuosa*, o papel de Alfarabi na criação da filosofia política islâmica, papel também destacado por outros autores, como Daniel Burns. Burns considera Alfarabi como estando na fundação da ciência política islâmica, destacando a dificuldade que teve no seu tempo em introduzir os conceitos e concepções de origem grega no mundo islâmico, numa altura em que os textos religiosos eram considerados por muitos como a única orientação de que os fiéis necessitavam e como a forma de conciliar o classicismo grego, com a doutrina islâmica, seria uma

---

[114] Idem, pp. 181-194.
[115] Idem, pp. 194-208.

reinterpretação dos textos tradicionais por autoridades religiosas devidamente formadas em filosofia política.[116]

---

[116] Cf. Daniel Burns, "Alfarabi and the Creation of Islamic Political Science", in *The Review of Politics*, Summer 2016, vol.78, nº3, Cambridge University Press/University of Notre Dame du Lac, pp. 365-389.

Capítulo IV

Influência do pensamento de Platão na terceira parte da obra. Papel d' *A República* e d' *As Leis* na construção da utopia alfarabiana.

Platão foi o pensador mais influente na elaboração por Alfarabi da terceira parte d' *A Cidade Virtuosa*. Farouk Sankari foi um dos autores que escreveu a comparar alguns dos aspectos das filosofias políticas de Platão e de Alfarabi, nomeadamente a traçar alguns paralelos entre ambas. Segundo ele, alguns dos paralelos podem ser encontrados na comparação entre a *polis* platónica e a cidade virtuosa alfarabiana enquanto modelos, embora para Alfarabi o modelo da cidade virtuosa pudesse ter alcance universal, visto que para ele, o Islão enquanto modo de vida era algo universal; na divisão do trabalho dentro da cidade; na comparação dos estados ao corpo, seus membros e órgãos; na ideia de que através do ensino e da educação se caminha em direcção à virtude e às artes e na atenção que é dada ao problema dos falsos filósofos.[117]

Por outro lado, Alfarabi demonstra em certas situações uma posição mais conciliadora em certas matérias, adaptando os métodos às situações, como no que se refere à educação, por exemplo: *"Quanto aos métodos de instruir os habitantes da cidade*

---

[117] Ver Farouk Sankaria, "Plato and Alfarabi: A comparison of some aspects of their Political Philosophy", in *Vivarium*, 1970, vol.8, nº1 (1970), pp. 1-9, Brill, 1970.

virtuosa e às leis que deveriam governá-los, Platão lidou com estas questões, segundo Alfarabi n' As Leis, *no* Crítias *e no* Timeu. *Falando dos métodos de instrução, Alfarabi compara o método usado por Sócrates com aquele usado por Trasímaco, o sofista, mencionado no primeiro livro d'* A República. *Embora nesse livro, Platão seja veemente na sua crítica do método sofístico e especialmente da definição de justiça de Trasímaco como o direito da facção mais forte, Alfarabi é bastante conciliatório ao contrastar as duas visões. O método de Trasímaco, diz ele, é mais eficaz para instruir a juventude e o público em geral; enquanto o método socrático é mais adequado para a investigação científica da justiça e demais virtudes, mas não para instruir a juventude e o público em geral. Para Alfarabi, contudo, o filósofo, o rei e o legislador têm de ser capazes de praticar ambos os métodos, aquele de Sócrates para lidar com a elite e aqueloutro de Trasímaco para lidar com a juventude e o público em geral."*[118]

Nascido em Atenas em 428 a.C, Platão descendia de uma família nobre, com parentesco com figuras ilustres, como o estadista Sólon e o rei Codro. Em 408 a.C começou a frequentar Sócrates e até à morte deste foi seu aluno. Acabou por envolver-se na política do seu tempo, tal como desejava desde tenra idade, mas o processo e a condenação à morte de Sócrates acabaram por fazê-lo ver a situação de um prisma diferente. Alegadamente terá então partido de Atenas para Mégara, depois para o Egipto e para Cirene, colónia grega que existiu onde hoje fica a Líbia. Certa foi a viagem para as colónias gregas em Itália, nomeadamente Siracusa entre outras, onde viveu aventuras e desventuras que o levaram a acabar por ser vendido como escravo no mercado de Egina, ilha não muito distante de Atenas. O dinheiro do resgate, que teria sido recusado, quando se soube quem era o cativo, serviu para Platão fundar a Academia em Atenas. Mais tarde, Platão acabaria por regressar a

---

[118] Majid Fakhry, *Al-Farabi, Founder of Islamic Neoplatonism – His Life, Works and Influence*, Oneworld, Oxford, 2002, p. 21.

Siracusa, a pedido do amigo Díon, que após a morte do seu irmão desejava orientar o sobrinho Dionísio no sentido de reformas políticas. De novo a viagem a Siracusa não correu de feição, mas Platão regressaria à cidade ainda mais uma vez, e continuando os auspícios negativos, voltaria a Atenas para dedicar-se definitivamente apenas ao ensino. Morreu em 347 a.C, com 81 anos[119].

A *República* foca-se na questão da natureza da justiça. É a cidade ideal, constituída por três classes: os governantes, os guerreiros e os cidadãos, que se dedicam à agricultura, artesanato e comércio). A sapiência é a característica da classe governante, a coragem a da classe dos guerreiros e a temperança comum às três classes. Há duas condições necessárias para realizar a justiça no seio do Estado, uma é a eliminação da riqueza, ou seja, da propriedade para as classes dos governantes e dos guerreiros, tirando os meios necessários para a sua subsistência, mantendo-a para a classe dos cidadãos; outra é a abolição da família, sendo o Estado quem orienta as relações tendo em vista a concepção de crianças saudáveis, sendo essas crianças criadas e educadas pelo Estado. Por outro lado, o governo deveria ser entregue aos filósofos. Seria assim um Estado aristocrático, a forma de governo ideal segundo Platão. As formas de governo existentes, seriam degenerações desta forma ideal de governo, da melhor para a pior: a timocracia, a oligarquia, a democracia e a tirania[120].

Qual é o papel do filósofo na construção desta república ideal? Para Platão, com reis filósofos ou filósofos reis, só assim será possível realizar a justiça e o bem. O que é o conhecimento, como se conhece? Platão elabora a Alegoria da caverna, definindo o papel da razão na condução do Homem das trevas da caverna à luz da superfície, do mundo inteligível. Destaca-se também o papel

---

[119] Nicola Abbagnano, *História da Filosofia*, volume 1, Editorial Presença, Lisboa, 1981, pp. 123-126.
[120] Idem, pp. 151-153.

importante da educação, através da aritmética, da geometria, da astronomia e da música[121] e a condenação da arte imitativa. Platão critica as aparências na poesia, os erros da poesia, estabelecendo uma hierarquia entre Criador (Forma)-Reprodutor (artesão)-Imitador (pintor).

A última obra de Platão, publicada por um seu discípulo após a sua morte, foi *As Leis*, uma abordagem mais específica e concreta das leis que poderiam guiar os homens no sentido da comunidade ideal e utópica que tinha sido delineada n' *A República*. As leis deveriam destinar-se então a promover a virtude, educando e punindo se necessário, mas sem entrar numa espiral de vingança[122]. De acordo com Catherine Zuckert: *"N' As Leis o estranho Ateniense também descreve uma «cidade em discurso» ao propôr um conjunto de leis para alguns legisladores dóricos adoptarem numa nova colónia que estão a fundar. Pelo facto de que o Ateniense sugere um conjunto de instituições e políticas relativamente específicas aos homens com o poder de colocá-las em operação, As Leis têm muitas vezes sido lidas, particularmente em contraste com A República, como contendo as propostas políticas mais práticas de Platão. O problema com esta leitura d' As Leis é que no fim do diálogo o Ateniense admite que a cidade que ele descreveu não pode ser nem fundada nem mantida a menos que eles estabeleçam uma espécie de escola para legisladores chamada o Conselho Nocturno. Como vários comentadores destacaram, a instituição deste conselho reintroduz os problemas associados com o governo dos filósofos."*[123]

Alfarabi recebe a influência das ideias platónicas das repúblicas, não só na importância do papel dado à educação, mas também no governo dos filósofos, e no contraste entre a cidade

---

[121] Idem, pp. 153-155.

[122] Idem, pp. 175-176.

[123] Catherine Zuckert, "Practical Plato", in *The Cambridge Companion to Greek Political Thought*, Stephen Salkever (Ed.), Cambridge University Press, Cambridge, 2009, pp. 178-209, p.179.

ideal, *Callipolis*, com o seu carácter aristocrático, com formas de governo decadentes, segundo Platão, como a timocracia, a oligarquia, a democracia e a tirania. Podemos traçar aqui um paralelismo entre a utópica cidade virtuosa e as cidades imperfeitas.[124]

Na época da morte de Platão as cidades gregas estavam prestes a receber o fragor dos exércitos de Filipe da Macedónia, esmagando a forma idealizada das cidades-estado e dando às cidades gregas a unidade de que precisavam e que não conseguiram em tempo útil[125]. *"A questão posta pela República é a da essência da justiça. Não haja equívocos: esse problema é o problema filosófico por excelência. Justiça significa ordem, eficácia e racionalidade. Trata-se de saber se é possível definir um estatuto do homem de tal modo que, escapando à violência e às inelutáveis disputas que esta suscita, o discurso pacificado se imponha como juiz e como guia. Trata-se de saber, mais profundamente, a que tipo de conduta – individual, política e «religiosa» - o homem deve conformar-se para que se realize a ordem, a razão, isto é, a boa correspondência entre a organização do cosmos, a da Cidade e a hierarquia na alma.*

O tema do grande diálogo didáctico é assim triplo: ele deve determinar ao mesmo tempo o estatuto da alma justa, a ordem política que a exprime e a torna possível e a realidade que fundamenta uma e outra. A alma justa, a sua natureza, estão escritas em caracteres tão pequenos que é difícil decifrá-los. Mas podemos mais facilmente estabelecer o que é a Cidade da justiça. Ao defini-la atingiremos um paradigma de razão. O diálogo sobre a justiça tem como centro, a partir daí, a constituição da «república», da Callipolis, do Estado perfeito. E esta constituição tem o privilégio de determinar as condições da conduta individual

---

[124] Cf. Platão, *A República*, Fundação Calouste Gulbenkian, Lisboa, 6ª ed., 1990.
[125] CHÂTELET, François, Platão, in CHÂTELET, François, *História da Filosofia*, 1º vol, Publicações Dom Quixote, Lisboa, 1980, p. 28.

correcta."[126]

Capítulo V

Aristotéles no pensamento de Alfarabi. Influências neoplatónicas na filosofia islâmica. A Ética e a Política como duas disciplinas conectadas. Influência de Aristóteles na cosmovisão alfarabiana.

Alfarabi não só valorizou imenso o trabalho de Platão, mas também o de Aristóteles, que analisou e comentou abundantemente e que procurou conciliar com o trabalho de Platão, destacando as suas convergências e divergências. Já mencionámos por exemplo, que algumas das *Éneades* de Plotino tinham sido traduzidas para árabe a partir do siríaco, como obra de Aristóteles, o que levou os filósofos muçulmanos a crer numa maior proximidade entre as posições de Platão e Aristóteles. Traduzido como *Teologia de Aristóteles*, sabe-se hoje que se trata de uma paráfrase das Éneadas IV, V e VI[127] feita por um discípulo de Plotino, provavelmente o seu biografo Porfírio. Outro tratado neoplatónico com bastante influência no mundo islâmico foi *O Puro Bem*, parte das proposições de *Elementos de Teologia* de Proclo.[128] Da autoria de

---

[126] Idem, p. 51.
[127] Cf. Plotinus, *The Enneads*, Penguin Books, London, 1991. A IV, V e VI Éneades tratam de diversos assuntos e conceitos adoptados por Alfarabi, como por exemplo o problema da alma, a descida da alma sobre o corpo, as três hipóstases iniciais, as emanações, entre outros.

Majid Fakhry importa realçar dois excertos, que mostram a influência da teoria da emanação e as reticências que o criacionismo corânico criou nos filósofos muçulmanos: *"Aqueles dois tratados encarnavam a mundivisão neoplatónica, a qual Alfarabi foi o primeiro a desenvolver no mundo árabe-muçulmano. O ponto pivot dessa mundivisão era a teoria da emanação que Plotino tinha introduzido como um meio para fechar o fosso entre os mundos inteligível e sensível, por um lado, e dar um relato coerente do aparecimento do universo a partir do Uno ou Primeiro Princípio, através de um processo de transbordo gradual ou difusão, por outro. Este processo geralmente conhecido como emanação dá origem ao intelecto (nous), à alma (psyche) e ao mundo da Natureza, em sucessão."*[129] Está aqui posta de parte a ideia de que o universo teria sido criado por Deus a partir do nada (*ex-nihilo*) e outras matizes criacionistas, não só defendidas pelo Corão, mas ainda antes pelas teologias judaica e cristã: *"A tese criacionista, explícita e eloquentemente estabelecida no Corão, nunca esteve em voga nos círculos filosóficos muçulmanos, porque implicava que o mundo tivesse sido criado peremptoriamente e milagrosamente por Deus, cujos decretos não podem ser questionados. Ele cria o mundo a partir do nada, num momento à sua escolha, uma tese que, para os filósofos, ia contra a proposição de que Deus não é suposto agir caprichosamente, sem qualquer consideração pelas leis da razão."*[130]

Stephen Salkever, realça o carácter de união e de confluência das obras de Aristóteles *Ética a Nicómaco* e *Política*, cada uma debruçando-se sobre uma área, mas sendo que ambas, a ética e a política, deverão andar em harmonia e proximidade, algo que Alfarabi também procura na terceira parte d' *A Cidade Virtuosa*. *"(...) compreender a filosofia política de Aristóteles bem*

---

[128] Ver Majid Fakhry, *Al-Farabi, Founder of Islamic Neoplatonism – His Life, Works and Influence*, Oneworld, Oxford, 2002, p. 77.
[129] Idem, p.78.
[130] Idem, ibidem.

requer que prestemos cuidadosa atenção ao leitor ou ouvinte que Aristóteles parece ter em mente como a audiência primária para o seu discurso. Quando o fizermos, não nos irá surpreender descobrirmos que o objectivo de Aristóteles é persuadir a sua audiência a colocar um conjunto não familiar de perguntas políticas, mais do que a adoptar um novel conjunto de princípios morais e políticos. A sua abordagem à política, tal como com Platão, é concomitantemente menos directa e mais radical do que a maioria da filosofia política subsequente: menos directa, pelo facto de que ele recusa-se a dar à sua audiência, agora tanto como então, um conjunto de regras concretas para organizar a vida política; mais radical, pelo facto de que ele pede-nos para vermos a actividade política como algo bastante diferente da visão que transportamos connosco antes das reflexões teóricas que o seu discurso tenta-nos a seguir."[131]

Alfarabi, como vimos, também aborda a felicidade, a virtude e a ética, não só na obra *A obtenção da felicidade*, mas também n' *A Cidade Virtuosa*, indicando os comportamentos e as características do carácter dos líderes da cidade: *"As duas virtudes morais que figuram mais proeminentemente no esquema ético de Alfarabi são a amizade e a justiça. A amizade ou é natural e instintiva ou voluntária. A amizade voluntária está fundada na comunidade de virtude, vantagem ou prazer, que aproxima as pessoas; enquanto, a amizade natural está baseada na comunidade de crenças respeitantes ao Primeiro Princípio, ou Deus, às entidades espirituais, ou anjos, e aquela dos indivíduos pios, que são os modelos para os outros seguirem. Esta comunidade, contudo, estende-se às crenças respeitantes à origem do mundo, aos humanos e à sua relação com as entidades mais altas, espirituais e é claramente parte do vínculo religioso, o qual*

---

[131] Stephen Salkever, "Reading Aristotle's *Nicomachean Ethics* and *Politics* as a single course of lectures: Rhetoric, Politics, and Philosophy", in *The Cambridge Companion to Ancient Greek Political Thought*, Stephen Salkever (Ed.), Cambridge University Press, Cambridge, 2009, pp. 209-243, pp. 210,211.

é, para Alfarabi, a pré-condição da verdadeira felicidade."[132] Na cidade virtuosa, a ligação pela fé não visa apenas o governo e condução dos assuntos da cidade, mas também a vida para além da morte e o destino da alma. Já vimos acima como Alfarabi traça um paralelismo entre o órgão principal do corpo humano e o chefe principal da cidade virtuosa. As doze qualidades que Alfarabi indica para esse chefe, são de carácter utópico, juntando às características filosóficas do rei-filósofo platónico características proféticas, que possam unir a comunidade de fiéis. Ele irá também criticar o aproveitamento do pietismo para fins políticos ou para obtenção de vantagens pessoais, atacando também uma ideia de justiça natural como sendo a lei do mais forte, enraizada na guerra e na conquista, em busca daquilo que os habitantes da cidade ignorante mais prezam: segurança, riqueza, honra e prazer.

Alfarabi por seu lado, procurou imitar a versatilidade do Estagirita, ao escrever sobre uma pletora de assuntos, da lógica à física[133], da metafísica às ciências, da ética à estética. Já vimos acima como Alfarabi vai dedicar boa parte d' *A Cidade Virtuosa* à metafísica e à física, seguindo em grande medida os passos de Aristóteles e como também elabora sobre diversas ciências como a astronomia, a química, a biologia, a medicina ou a psicologia. Já na terceira parte, embora com forte influência platónica e também corânica, Alfarabi une, à maneira de Aristóteles a ética e a política, tendo em vista uma concepção teleológica da ética e o alcance da felicidade (*eudaimonia*). Recordemos que a felicidade para Alfarabi não se resumia à vida terrena dos habitantes da cidade virtuosa, mas também à vida para além da morte.

Aristóteles, no *Tratado da Política*[134] também se debruçou sobre a política propriamente dita, com um cunho ético. Partindo

---

[132] Majid Fakhry, *Al-Farabi, Founder of Islamic Neoplatonism – His Life, Works and Influence*, Oneworld, Oxford, 2002, p. 99.

[133] Ver a este respeito Aristóteles, *Metafísica*, Espasa Libros, Barcelona, 2013.

[134] Aristóteles, *Tratado da Política*, Publicações Europa-América, Mem-Martins, 1997.

da economia e da organização do lar, passa aos cidadãos e à organização da sociedade, à propriedade e divisão do trabalho, às diferentes formas de governo, à subversão ou conservação dos mesmos e acabando na breve análise de algumas constituições, reais ou imaginadas por filósofos, onde se incluem *A República* e *As Leis*, de Platão, que ele critica acusando de querer criar um governo oligárquico e democrático ao mesmo tempo. Quanto ao próprio Aristóteles distingue três formas principais de governo: monarquia, aristocracia e república, apontando como respectivas degenerações destes três a tirania, a oligarquia e a democracia, adoptando uma espécie de hierarquia entre as diferentes formas de governo semelhante à de Platão.

Capítulo VI

A utopia de Alfarabi e o seu impacto em obras posteriores. Carácter utópico da obra. Teologia e teocracia. Breve análise da similitude desta concepção utópica nas obras de Thomas More e Campanella.

O pensamento de Alfarabi não foi apenas influenciado pelos filósofos gregos, fossem eles Platão, Aristóteles, ou neoplatonistas como Plotino, mas também pela teologia islâmica, numa interpretação teocrática da organização da sociedade, que encontrou eco no ramo xiita do Islão, ao qual Alfarabi alegadamente pertencia, até aos dias de hoje. Alguns autores, como Fauzi Najjar, destacam o papel de Alfarabi e da sua obra enquanto justificação do xiismo como movimento político. Para este autor, durante a vida de Maomé, a *sharia* era a garantia do regime ideal, da felicidade terrena e terrestre. Foi só com a morte de Maomé que veio a gerar-se uma cisão, relativa à questão de quem era o legítimo herdeiro de Maomé, dividindo o mundo muçulmano *grosso modo* em sunitas e xiitas. Há diferenças entre o califa sunita e o imã xiita, sendo que este último é o líder e professor do Islão, por qualidades pessoais que lhe foram dadas por Deus, qualidades sobrenaturais digamos assim, e além do mais visto pelos xiitas como o herdeiro directo de Maomé. Fauzi Najjar vê assim a filosofia política de Alfarabi como uma justificação teórica do xiismo político, destacando-se o papel do imã enquanto primeiro chefe, comparável ao rei-filósofo de Platão, mas um chefe que recebe a revelação divina, destacando-se o uso que Alfarabi faz das emanações de Plotino.[135]

Para Harry Bone, a diferença entre Alfarabi e o seu predecessor Al-Kindi é que Alfarabi vai dar precedência à razão sobre a revelação, sendo primeiro filósofo e só depois muçulmano.[136] Podemos afirmar que as influências que recebeu do pensamento aristotélico, platónico e neoplatónico, estabeleceram-se firmemente no panorama filosófico muçulmano, até a chegada de Al-Ghazali vir aplicar um forte golpe na idade de ouro da filosofia islâmica. Outro aspecto que Bone vai destacar é a relação entre política, filosofia e religião na obra de Alfarabi: *"A ciência da política é central para a filosofia de Al-Farabi mas não está confinada à cidade-estado – a polis de Platão e de Aristóteles. Numa tentativa de conciliar o Islão com os seus predecessores gregos ele concebeu o homem numa sociedade que olhava para além da polis temporal, como fazia a comunidade islâmica (umma). Ele pegou na Primeira Causa de Aristóteles, a qual ele identificou com Alá, e numa emanação eterna neoplatónica, adaptada de Plotino, e olhou para a relação do homem com o seu semelhante à luz da relação do homem com o cosmos. É significativo que a maior parte de um dos seus principais trabalhos 'políticos',* A Cidade Virtuosa *(Al-Madina al-Fadila), seja devotada a expôr a natureza e estrutura do universo e as origens do homem e do conhecimento, e é ao examinar a estrutura do cosmos e a natureza e propósito do conhecimento humano que podemos começar a perceber a concepção de Alfarabi da política, a ciência das ciências."*[137] Outro aspecto que convém aqui destacar é que, tendo paralelismo

---

[135] Cf. Fauzi Najjar, "Farabi's Political Philosophy and Shi'ism", in Studia Islamica, 1961, nº14, (1961), pp. 57-72, Brill.
[136] Harry Bone, Al-Farabi, in Brian Carr e Indira Mahalingam, *Companion Encyclopedia of Asian Philosophy*, Routledge, London/New York, 2001, p. 861 e seguintes.
[137] Idem, p. 864.

com o conceito de rei-filósofo de Platão, o governante da cidade virtuosa, ou seja, o *ra'is*, como já abordámos acima, reunisse em si as características de filósofo, de general e de profeta e como se torna óbvio, o modelo para esse governante seria Maomé, quem reuniria em si essas três características. Outro aspecto digno de destaque é o papel da educação, não só no desenvolvimento das capacidades desse governante, mas as dos cidadãos da cidade em geral, incapazes de por si sós verem para além das aparências.

Outro dos autores que destaca o carácter utópico da obra de Alfarabi é Alireza Omid Bakhsh, que tece até algumas críticas à ausência do nome de Alfarabi em muitas obras e estudos sobre utopias que se encontram nos escaparates. Este autor, sendo xiita, realça o carácter xiita do pensamento de Alfarabi, rejeitando a ideia de califa e do processo de escolha do mesmo, destacando ao invés disso o imã e as características que o mesmo deve possuir. Para Alireza Omid Bakhsh, tendo em conta a situação política da época em que Alfarabi escreveu *A Cidade Virtuosa*, esta pode ser entendida como uma obra subversiva contra o califado Abássida, defendendo um modelo diferente de Islão.[138] Alireza Omid Bakhsh defende também o carácter iraniano de Alfarabi nem considerando a hipótese deste não ser originário da antiga Pérsia, realçando até que o facto de Alfarabi ter escrito em árabe se deve ao árabe ser a língua franca da época naquela região, tal como Thomas More escreveu mais tarde a sua *Utopia* em latim e não em inglês.

Interessante também é a ideia de ter sido Alfarabi o primeiro a discutir a ideia de uma utopia universal, já não delimitada geograficamente, como no classicismo grego, mas uma comunidade de fiéis (*ummah*) que abrangesse o mundo inteiro. O uso da palavra imã, mais plena de sentido no xiismo, também é destacado. "*Como uma obra utópica* A Cidade Virtuosa *de Farabi*

---

[138] Alireza Omid Bakhsh, "The Virtuous City: The Iranian and Islamic Heritage of Utopianism", in *Utopian Studies*, vol.24, nº1 (2013), Penn State University Press, pp. 41-51, p.41.

tem as suas próprias peculiaridades. Ele apresenta a utopia numa cidade-estado bem como num estado mundial, num nível universal. Para fazê-lo ao longo do seu livro ele evita usar termos islâmicos; como substituto ele emprega termos filosóficos de molde a fazer a sua mensagem universalmente válida, não apenas para muçulmanos. Ele evita a teorização abstracta ao retratar a sua utopia; ao invés ele ilustra e exemplifica as suas teorias e tenta escrutinar cada assunto, sob aspectos diferentes. A comparação do Estado virtuoso com um corpo saudável e as diferentes possibilidades dos Estados virtuosos e imperfeitos e as discussões dos seres humanos – os cidadãos e os governantes dos diferentes estados – a partir de vários pontos de vista torna a sua utopia mais concreta e fácil de perceber, enquanto o estilo abstracto de outras utopias filosóficas torna-as complicadas. Enquanto num grande clássico tal como A República *de Platão, a discriminação é bastante perceptível, tal como acontecia nos Estados Helenísticos, no Império Romano, e no mundo muçulmano na época de Farabi, e os guardiões combatentes e os soldados que se encontravam nas classes sociais mais baixas eram desprezados, na utopia de Farabi tais pessoas são consideradas como cidadãos de pleno direito do Estado virtuoso, e não existe discriminação entre as diferentes classes sociais.*"[139]

Através da sua influência sobre Avicena, Averróis e também sobre Maimónides, o mais influente filósofo judeu da Idade Média, o pensamento de Alfarabi passou para a Europa medieval. Para Maimónides era Moisés quem encarnava o princípio do legislador, rei e filósofo que Alfarabi defendeu n' *A Cidade Virtuosa*.[140] Mas, a sua influência na Europa, não se fez sentir apenas de forma indirecta. *"Na Europa medieval, a influência de Alfarabi está patente nas traduções das suas obras*

---

[139] Idem, p.49.
[140] Alfarabi, *A Cidade Virtuosa*, Fundação Calouste Gulbenkian, Lisboa, 2019, p.23.

para latim (língua em que Alfarabi era conhecido por Avennasar ou Alfarabius) efectuadas já no século XII, e a sua concepção sobre o intelecto e a hierarquia das ciências foi particularmente influente."[141]

Thomas More, nascido em Londres em 1478 e falecido na mesma cidade em 1535, foi o autor que cunhou a expressão utopia, na sua obra com o mesmo nome, publicada em 1516. Católico opositor da Reforma e da criação da Igreja Anglicana por Henrique VIII, separando-a da Igreja Católica e tornando-o o chefe de tal Igreja. More acabaria por ser julgado por traição e condenado à morte. Seria bastante mais tarde canonizado pela Igreja Católica. A obra *Utopia*, cujo nome deriva do grego e significa *no place* ou *nowhere*, descreve uma ilha imaginária, com os seus costumes políticos, sociais e religiosos. É uma sociedade sem propriedade, com uma economia essencialmente agrícola e artesanal, onde a escravatura é praticada, existe um modelo de estado social e liberdade religiosa, sendo adoradas diversos tipos de divindades, incluindo monoteístas, adoradores da Lua, adoradores do Sol, adoradores dos planetas e adoradores dos antepassados. Mas, por outro lado, o ateísmo era mal visto e considerado um erro. As mulheres não tinham os mesmos direitos que os homens na ilha de Utopia, embora para a época em que a obra foi escrita usufruíssem de mais liberdade e autonomia. Ideias pacifistas também permeavam essa ilha utópica.

Tommaso Campanella nasceu em 1568, em Stilo, na Calábria, entrando para a ordem dos dominicanos em 1582. O amor pela intriga, as opiniões políticas que ia publicando e que lhe causavam problemas junto dos poderosos da época, sendo alvo de diversos processos, condenações e penas entre 1591 e 1597. Regressado à sua terra em 1598, estava decidido a planear uma conjura com o fito de instaurar uma república teocrática, na qual Campanella seria o líder. Descoberta a conspiração, Campanella

---

[141] Idem, pp. 29-30.

vê-se de novo detido e alvo de um processo em Nápoles e desta vez passará vinte e sete anos encarcerado por sedição e heresia, sem nunca deixar de escrever, mesmo que muitos manuscritos e notas tenham sido apreendidos e destruídos pelas autoridades e Campanella tenha tido de reescrevê-los. Manteve igualmente um fluxo epistolar com amigos em vários países da Europa e por força das autoridades espanholas é libertado em 1626 e transferido para o Santo Ofício de Roma, onde goza de grande liberdade e melhores condições de vida, até usufruir de liberdade plena em 1629, graças ao papa Urbano VIII, quem já tinha intercedido junto das autoridades espanholas para que fosse libertado do cárcere em Nápoles. Alguns anos mais tarde é descoberta uma nova conspiração em Nápoles organizada por um discípulo de Campanella e este começa a temer de novo pela sua segurança e uma nova prisão nas masmorras infectas que conhecia demasiado bem, conseguindo a ajuda do embaixador francês em Roma para fugir para França. Tendo sido bem-sucedido nesta fuga, encontrou em Paris o favor do rei Luís XIII, do cardeal Richelieu e uma generosa pensão do referido monarca, viveu até 1639 preparando a publicação dos seus escritos.[142]

A Cidade do Sol é talvez a sua obra mais famosa, tendo sido escrita em 1602 durante os primeiros anos da sua longa prisão em Nápoles e mais tarde publicada em latim em Frankfurt e pouco antes da sua morte, em Paris. Inspirada n' *A República* de Platão e na descrição da Atlântida, feita no diálogo *Timeu*, a obra de Campanella, descreve uma utopia teocrática na qual os bens, as mulheres e crianças são tidas em comum. Sendo o mais importante dos seus escritos políticos, nela Campanella traça um caminho para a reforma da sociedade que desejava ver e que acreditava pudesse ser levado a cabo pela monarquia espanhola, o braço secular que poderia trazer a unificação religiosa e demais reformas necessárias

---

[142] ABBAGNANO, Nicola Abbagnano, *História da Filosofia*, volume V, Editorial Presença, Lisboa, 1978, pp. 282-284.

para o triunfo de uma religião natural e universal que para ele era o catolicismo. A *Cidade do Sol* surge assim como um estado ideal, governado por um príncipe-sacerdote, ou seja, regido por uma teocracia. Este príncipe-sacerdote tem a assistência de três outros príncipes: Pon, Sin e Mor. Tudo é ordenado e disposto por cientistas, como a já referida comunhão de bens e mulheres, seguindo o exemplo platónico e seguindo a religião natural, baseada nos princípios metafísicos de Campanella: Potência, Sapiência e Amor e no uso da razão, que levaria inevitavelmente ao reconhecimento da Trindade[143]. Muito mais se poderia dizer tanto sobre a *Utopia* de Thomas More, como sobre *A Cidade do Sol* de Campanella, mas isso ultrapassaria o âmbito e os limites deste ensaio.

---

[143] Idem, pp. 301-304.

Conclusão

O conjunto da obra de Alfarabi, uma das primeiras no mundo islâmico, gozou de grande popularidade junto de Avicena e Averróis e de outros autores posteriores, mesmo se com Al-Ghazali foi tecida uma forte crítica à filosofia e defendeu-se a teologia em seu lugar.

Alfarabi procurou com *A Cidade Virtuosa* uma obra abrangente que servisse como cartilha para os habitantes da cidade virtuosa, e também para os seus líderes, nomeadamente o líder máximo, que Alfarabi via como uma mistura de profeta, filósofo e general. Além de ser uma espécie de resumo da sua obra filosófica e de receber a influência dos pensadores que o antecederam, como Platão, Aristóteles e Plotino e de ser também inspirada pela vida e feitos de Maomé em Medina e mais tarde na conquista de Meca, compila os conhecimentos metafísicos, físicos, médicos e biológicos da sua época, explanados por Alfarabi enquanto estudioso de medicina e outras ciências, para além da filosofia.

A importância dada ao líder enquanto filósofo e rei, e a organização hierárquica da cidade remetem para os trabalhos de Platão, o mesmo se passando quanto à importância dada à educação, destacando-se a distinção que Alfarabi faz entre aqueles que aprendem as coisas em si, e aqueles que necessitam de provas e testemunhos, de imitações ou reproduções daquilo que deveria ser aprendido, numa similitude com as teorias de Platão sobre os filósofos, ou seja, os amantes da sabedoria e os amantes das opiniões. Por outro lado, há uma preocupação com a ética aplicada à política, seguindo os passos de Aristóteles, sem esquecer toda a influência que Alfarabi recebe dele em termos de metafísica e física.

É também curioso constatar como a ideia de teocracia passa das obras islâmicas para as obras cristãs como a *Utopia* e *A Cidade do Sol*, com uma primazia dada àqueles que possuem o conhecimento, não somente religioso, mas também científico.

Referências bibliográficas

ABBAGNANO, Nicola, *História da Filosofia*, volume I, Editorial Presença, Lisboa, 1981.

ABBAGNANO, Nicola, *História da Filosofia*, volume V, Editorial Presença, Lisboa, 1978.

ALFARABI, *A Cidade Virtuosa*, Fundação Calouste Gulbenkian, Lisboa, 2019.

ALFARABI, "Livre de concordance entre les opinions des deux sages, le divin Platon et Aristote", in *Parole de l'Orient : revue semestrielle des études syriaques et arabes chrétiennes : recherches orientales : revue d'études et de recherches sur les églises de langue syriaque*, vol. 5, n°2 (1969), Beyrouth, pp. 305-358.

ALFARABI, *Philosophy of Plato and Aristotle*, Cornell University Press, Ithaca, 1962.

ARISTÓTELES, *Etica a Nicomaco*, Centro de Estudios Constitucionales, Madrid, 1985.

ARISTÓTELES, *Metafísica*, Espasa Libros, Barcelona, 2017.

ARISTÓTELES, *Tratado da Política*, Publicações Europa-América, Mem Martins, 1977.

BADAWI, Abdurraman, Filosofia e Teologia do Islão na Época Clássica, in CHÂTELET, François, *História da Filosofia*, 1º vol, Publicações Dom Quixote, Lisboa, 1980.

BAKHSH, Alireza Omid, "The Virtuous City: The Iranian and Islamic Heritage of Utopianism", in *Utopian Studies*, vol.24, nº1 (2013), Penn State University Press, pp. 41-51.

BONE, Harry, Al-Farabi, in CARR, Brian, e MAHALINGAM, Indira, *Companion Encyclopedia of Asian Philosophy*, Routledge, London/New York, 2001.

BRÉHIER, Émile, *La philosophie du Moyen-Âge*, S/E, S/L, 1949.

BURNS, Daniel, "Alfarabi and the Creation of Islamic Political Science", in *The Review of Politics*, Summer 2016, vol.78, nº3, Cambridge University Press/University of Notre Dame du Lac.

CALVINO, Italo, *As Cidades Invisíveis*, Teorema, Alfragide, 14ª edição, 2011.

CHÂTELET, François, Platão, in CHÂTELET, François, *História da Filosofia*, 1º vol, Publicações Dom Quixote, Lisboa, 1980.

FAHKRY, Majid, *Al-Farabi, founder of Islamic Neoplatonism*, Oneworld, Oxford, 2002.

KENNY, Anthony, *Medieval Philosophy*, Clarendon Press, Oxford, 2007.

NAJJAR, Fauzi, "Farabi's Political Philosophy and Shi'ism", in *Studia Islamica*, 1961, nº14, (1961), pp. 57-72, Brill.

PLATÃO, *A República*, Fundação Calouste Gulbenkian, Lisboa, 6ª ed., 1990.

PLOTINUS, *The Enneads*, Penguin Classics, London, 1991.

REISMAN, David, Al-Farabi and the philosophical curriculum, in ADAMSON, Peter e TAYLOR, Richard (Eds.), *The Cambridge companion to Arabic Philosophy*, Cambridge University Press, Cambridge, 2005.

SALKEVER, Stephen "Reading Aristotle's *Nicomachean Ethics* and *Politics* as a single course of lectures: Rhetoric, Politics, and Philosophy", in *The Cambridge Companion to Ancient Greek Political Thought*, SALKEVER, Stephen (Ed.), Cambridge University Press, Cambridge, 2009, pp. 209-243.

SANKARIA, Farouk, "Plato and Alfarabi: A comparison of some aspects of their Political Philosophy", in *Vivarium*, 1970, vol.8, nº1 (1970), pp. 1-9, Brill, 1970.

ZUCKERT, Catherine, "Practical Plato", in *The Cambridge Companion to Greek Political Thought*, Stephen Salkever (Ed.), Cambridge University Press.

SOBRE O AUTOR

João Franco (n. 1977) tem formação nas áreas de Relações Internacionais e Filosofia e publica com alguma regularidade artigos em revistas da especialidade. É também o autor de vários livros, sobretudo dentro da temática da Política, Relações Internacionais e Geopolítica.

www.ingramcontent.com/pod-product-compliance
Lightning Source LLC
Chambersburg PA
CBHW051308250726
48656CB00004B/1551